Widmung

Den Menschen, die auf verschiedene Art und Weise helfen, Bäume zu retten. In einer Zeit, in der der Wald unter dem zunehmenden Druck der Menschheit steht, haben diese Menschen die Weisheit, den Wert der Bäume zu erkennen, sei es ein ganzer Wald oder ein einzelner Baum.
Ich danke den vielen Menschen, die mir in vielen Teilen der Welt auf verschiedene Weise geholfen haben.

Die Deutsche Bibliothek – CIP Einheitsaufnahme

Bäume: – Eine Weltreise in faszinierenden Fotos/
Graeme Matthews. Einf. von David Bellamy.
[Übers.: Barbara Kiesewetter].
– München; Wien; Zürich: BLV 1993
Einheitssacht.: Trees of the world <dt.>
ISBN 3-405-14479-5
NE: Matthews, Graeme [Hrsg.]; Kiesewetter, Barbara

Übersetzung aus dem Englischen:
Barbara Kiesewetter

BLV Verlagsgesellschaft mbH
München Wien Zürich
80797 München

Titel der englischen Originalausgabe:
»Trees of the World«
Erschienen 1993 by David Bateman Ltd ,
›Golden Heights‹, 32 - 34 View Road, Glenfield,
Auckland, New Zealand

Deutschsprachige Ausgabe:

Layout: Chris O'Brian
Umschlaggestaltung: Studio Schübel, München
Umschlagfotos: Graeme Matthews
Lektorat: Dr. Friedrich Kögel
Herstellung und DTP: Hermann Maxant

Printed in Hongkong · ISBN 3-405-14479-5

Graeme
Matthews

BÄUME

Eine Weltreise
in faszinierenden
Fotos

Einführung von
Dr. David Bellamy

BLV

Inhalt

Eisenholzbaum, Franz-Josef-Gletscher, Neuseeland

Einführung

Beinahe könnte man sagen, daß Bäume wie Menschen soziale Lebewesen sind; sie sind Mitglieder komplexer Gemeinschaften – den Wäldern und Waldländern, die einmal, vor noch nicht allzu langer Zeit, rund sechs Milliarden Hektar der Erdoberfläche bedeckten und schützten. Ihre Stämme und ihr Blätterdach spenden Schatten und bewahren vor Wind und Frost. Ihre Wurzeln stabilisieren den reichen Boden, an dessen Entstehung sie beteiligt sind, und bewahren ihn vor Austrocknung und Erosion. Bäume sind erstaunlich wichtige, nützliche und vor allem schöne Lebewesen – gemacht aus Zucker. Genauer gesagt besteht das Holz der Bäume überwiegend aus Glukose: Millionen und Millionen von Molekülen sind miteinander in Form von Zellulose vernetzt.

In längst vergangener Zeit spalteten sich die Formen des damaligen Lebens – Bakterien, Viren und einzellige Organismen – in die zwei Hauptlinien der Evolution auf. Die einen entwickelten sich zu heterotrophen Organismen, also Lebewesen, die sich von anderen Lebewesen ernähren – seien es Pflanzen oder Tiere. Sie waren der Anfang des zur Bewegung fähigen Tierreichs. Später entwickelte sich aus diesem Zweig der Evolution auch der Mensch. Annähernd sechs Milliarden leben derzeit auf der Erde und sind nun nach Kräften dabei, unseren Planeten zu zerstören. In der anderen Hauptlinie entwickelten sich autotrophe Organismen, also Lebewesen, die sich mit Hilfe des Sonnenlichts ernähren. Sie waren der Ursprung für die im allgemeinen nicht der Fortbewegung fähigen Pflanzen.

Vor etwa 400 Millionen Jahren streckten die ersten Prototypen der Bäume ihre blattlosen Zweige etwa 20 Zentimeter über die Erdoberfläche in die Luft. Den entscheidenden Durchbruch, der dies möglich machte, brachte die Entwicklung eines inneren Systems, das Wasser vom feuchten Boden über die Wurzeln, Sprosse und schließlich die Blätter in die trockene Atmosphäre transportieren konnte.

Der Hauptteil eines jeden Baumstamms ist aus langen, dünnen, röhrenförmigen Zellen aufgebaut, die man Tracheiden nennt. Diese Gefäße bestehen aus Zellulose, in die ein organisches Polymer – das Lignin – eingelagert ist. Lignin gibt den Tracheiden ihre Festigkeit, macht sie wasserfest und schützt sie vor Verrottung.

Obwohl jede dieser Röhren zunächst aus einem Bündel lebender Zellen besteht, verliert jede von ihnen, wenn sie zu der ihr gemäßen Form und Größe herangewachsen ist, ihre lebenden Bestandteile und wird zum Wasserleitsystem umfunktioniert, das die Enden der feinsten Wurzeln mit der Spitze der höchsten Blätter verbindet. Die Masse der dickwandigen, röhrenförmigen Zellen, die das Holz des Baumes bilden, verleiht ihm außerdem die Festigkeit, die es dem Stamm ermöglicht, aufrecht zu stehen.

Bäume halten und brechen Rekorde

Ein Baum wächst, indem er eine neue Schicht seiner röhrenförmigen Holzzellen auf die bereits existierenden auflagert. In jeder Klimaregion, in der es den alljährlichen Wechsel von Frühling, Sommer, Herbst und Winter gibt, spiegelt der Zuwachs der Zellen, die die neue Holzschicht bilden, den Wechsel der Jahreszeiten wider. Dies führt zu den sogenannten Wachstums- oder Jahresringen, die wir am Querschnitt eines gefällten Stammes sehen können. Wenn Frühjahr und Sommer warm und regenreich sind, werden die neuen Holzzellen groß sein und die Jahresringe breit. Ein kühler Frühling und heiße, trockene Sommer bewirken das Gegenteil, es entstehen schmale Jahresringe mit sehr viel kleineren Zellen.

Der wechselseitige Einfluß von Wetter und Klima ist natürlich sehr viel subtiler, und ein Baum reagiert auf all diese Einflüsse, wobei die Form der Jahresringe gleichsam einen detaillierten Bericht über die Veränderungen in der Umwelt liefert. In der nördlichen Hemisphäre sind die Jahresringe an der Südseite eines Baumes, dort, wo die Sonne hinscheint, oft breiter. In der südlichen Hemisphäre ist es umgekehrt.

Die Dendrologie ist die Wissenschaft, die diese Berichte entschlüsselt und interpretiert, um neue Kenntnisse über das Klima in der Vergangenheit und der Gegenwart zu gewinnen. Indem sie Stämme aus alten Gebäuden und solche, die in Torfmooren, Sümpfen oder Sedimenten erhalten geblieben sind, untersuchen, können die Dendrologen ein Bild vom Klima zeichnen. Mancher heute bekannte Klimawechsel ist zweifellos eine Folge der Zerstörung der Wälder.

Der älteste Baum

Den Rekord für Langlebigkeit hält ein Baum, der hoch oben in den Bergen des östlichen Kaliforniens in den Vereinigten Staaten wächst. Es ist eine Borsten- oder Grannenkiefer (*Pinus longaeva*), treffend »Methusalem« genannt, und es ist sicher, daß sie mindestens 4600 Jahre alt ist. Eine weitere Borstenkiefer, die in der Nähe wuchs, schätzte man wenigstens 300 Jahre älter, aber unglücklicherweise fiel sie in den 60er Jahren, als man mit der Natur noch unachtsamer umging, einer Motorsäge zum Opfer.

Der mächtigste Baum

Der mächtigste lebende Baum steht ebenfalls in Kalifornien. Es ist einer der riesigen Mammutbäume (*Sequoiadendron giganteum*), die noch im Sequoia-Nationalpark wachsen. Getauft auf den Namen »General Sherman«, schätzt man das Volumen seines Holzes auf 2415 Kubikmeter, das sind mehr als 2000 Tonnen Holz. Das Alter von »General Sherman« schätzt man auf etwa 2200 Jahre. Wenn diese Vermutung stimmt, dann ist der Baum auch ein Bewerber um den Titel »schnellster Wachser« der Welt. Ein wenig Mathematik wird Ihnen klarmachen, daß dieser Baum sein langes Leben lang jedes Jahr über einen Kubikmeter Holz zugelegt hat.

Der einzige Konkurrent um diesen ganz besonderen Weltrekord war wohl eine Kaurifichte (*Agathis australis*), die einst auf der Nordinsel von Neuseeland wuchs. Von den einheimischen Maoris wurde sie »Hokianga« genannt, und sie hatte einen Umfang von beinahe 27 Metern, gut drei Meter mehr als »General Sherman«. Die Kaurifichte wurde im letzten Jahrhundert vernichtet, und leider hat man nie ihre Höhe festgehalten, so daß wir nur vermuten können, wieviel Holz sie hatte. Wie auch immer, sie muß ernorm gewesen sein, denn anders als die meisten Bäume, inklusive der Küstensequoien, erreichen Kauri-Stämme normalerweise keine Spitzenwerte.

Der höchste Baum

Der höchste lebende Baum der Welt ist immer noch dabei, seinen eigenen Rekord von 113 Metern, den er in den 60er Jahren gesetzt hat, zu schlagen. Es ist eine gigantische Küstensequoie (*Sequoia sempervirens*), die, wo auch sonst, im Küstengebiet Kaliforniens wächst. Sie wächst in einer der schönsten Gegenden der Welt, und der Wald, in dem sie steht, hat seinen Status als »Erbe der Menschheit« verdient. Aber wie alle Weltrekordler hat sie Konkurrenten. Den Weltrekord aller Zeiten hält wohl eine sogenannte Bergesche oder Königseukalyptus (*Eukalyptus regnans*), die 1872 im australischen Victoria gefällt wurde. Sie war zwischen 114 und 160 Meter hoch.

Hochentwickelte chemische Fabriken

Bäume sind hochentwickelte chemische Fabriken. Tagsüber nehmen sie Kohlendioxid aus der Luft und Wasser aus dem Boden auf. Indem sie die Energie der Sonne nutzen, produzieren sie aus diesen Stoffen Zucker. Diesen Vorgang nennt man Photosynthese. Aus den Zucker-Molekülen stellen die Bäume Zellulose her und reparieren die bereits vorhandenen Zellstrukturen. So kann der Baum wachsen und gedeihen. Die Zuckermoleküle dienen auch als »Treibstoff« für andere chemische Prozesse: Stoffwechselprozesse, bei denen Wachse, Gummi, Harze, Tannine, Latex, Gewürze, Duftstoffe, ätherische Öle, brennbare Öle, ungesättigte Fettsäuren, Konservierungsstoffe, Insektizide, Enzyme, Hormone, Giftstoffe, Pigmente, Drogen und Medikamente entstehen.

Während der »Nachtschicht«, wenn keine Sonnenenergie zur Verfügung steht, nutzt jeder Baum seine Energiereserven und Rohstoffvorräte, um die Stoffwechselprozesse in Gang und in gutem Zustand zu halten. In diesem Zeitraum wird vor allem für die Atmung Energie verbraucht. Der Baum nimmt Sauerstoff aus der Atmosphäre auf und gibt Kohlendioxid ab. So trägt er dazu bei, daß die Erdatmosphäre in einem dynamischen Gleichgewicht bleibt.

Auch Bäume haben Durst

So beeindruckend diese Fakten über chemische Prozesse auch sind, die Meisterleistung, die alle Bäume vollbringen, ist die kontinuierliche Wasserzufuhr vom Boden bis in die obersten Blätter. Diese Blätter können mehr als 100 Meter über dem feuchten Erdreich sein.

Baumstämme besitzen keinerlei Pumpen. Das bedeutet, daß der Baum nichts von seinen kostbaren Energievorräten verbrauchen muß, um das Wasser zu transportieren. Dank der besonderen physikalischen Eigenschaften des Wassers, die die Bäume perfekt ausnutzen, läuft das völlig natürlich ab. Wassermoleküle ziehen sich gegenseitig mit Kräften an, die, gemessen an ihrer Größe, enorm sind. Durch diese sogenannten Kohäsionskräfte hat Wasser in seiner flüssigen Form eine sehr hohe Dichte – ein Kubikmeter Wasser wiegt eine Tonne.

Die jungen, faserförmigen Holzzellen eines gesunden Baumes sind voll von Wasser. Jede enthält Millionen von Ketten aus Wassermolekülen, die vom Wasserreservoir im Boden bis in das lebende Gewebe der obersten Blätter reichen. Die Blätter geben durch Verdunstung Wasser ab, ein Vorgang, der durch Wind und Sonne noch verstärkt wird. Dank der Kohäsionskräfte des Wassers rückt dann gleichsam das nächste Molekül nach und zieht dabei den ganzen Rest der Molekülkette mit. So einfach ist das, auch wenn andere Kräfte wie Wurzeldruck und Kapillarkräfte diesen Prozeß noch unterstützen.

Man nennt den Vorgang, bei dem kontinuierlich Wasser an die Umgebung abgegeben wird, Transpiration. Der Sog, der dadurch in den Zellen der Holzfasern entsteht, kann so gewaltig sein, daß ihre Zellwände, so fest sie auch sind, dadurch enger zusammengezogen werden. Als Folge davon kann der Umfang eines Baumstamms tagsüber meßbar geringer sein als in der Nacht.

Die einzige Möglichkeit für einen Baum oder jede andere Pflanze, diesen Transpirationsstrom zu kontrollieren, besteht darin, die winzigen Poren in den Blättern, die sogenannten Spaltöffnungen, zu schließen. Denn durch diese Stomata entweicht der Wasserdampf aus den Blättern in die Atmopshäre. Allerdings führt das Schließen der Spaltöffnungen dazu, daß die Stoffwechselprozesse zum Erliegen kommen, da durch diese Poren auch das Kohlendioxid, die zweite Grundsubstanz für die Photosynthese, aus der Atmosphäre in die Blätter eindringt.

Bäume und das lokale und globale Klima

Es ist ebenfalls den Kohäsionskräften des Wassers zu verdanken, daß es vom flüssigen Zustand nur dann in den gasförmigen übergehen kann, wenn genügend Energie in der richtigen Form vorliegt, um die Moleküle voneinander zu trennen. Die wärmende Energie der Sonne ist nötig, um die Molekülbrücken des flüssigen Wassers aufzubrechen. Das bedeutet, daß das Wasser verdunstet und die Blattoberfläche sich abkühlt. Diese kühlende Wirkung der Verdunstung ist sehr wichtig, denn wenn sich die Blätter überhitzen würden, würden sie zerstört werden. Um dieses Problem noch weiter zu lindern, haben viele Blätter tropischer Bäume spezielle Gelenke in den Blattstielen entwickelt, die es ermöglichen, daß sich die Blattspreite während der Hitze des Tages von der Sonne wegdreht und nur der Blattrand dem Sonnenlicht ausgesetzt ist.

Das wichtigste ist jedoch, daß die Verdunstung nicht nur die Oberfläche der Blätter kühlt, sondern auch die Luft über dem Blätterdach. Diese Luft ist mit Wasserdampf gesättigt, enthält aber auch andere Substanzen, beispielsweise vom Baum verdunstete ätherische Öle. Sie bildet über dem Wald weiße Wolken. Diese Wolken dienen als Sonnenschutz und reflektieren einen Teil der gesamten Sonneneinstrahlung. Sie tragen auch dazu bei, die lokalen Regenfälle zu erhöhen, indem sie bewirken, daß Niederschläge in Gebieten fallen, die weit von den Regionen entfernt sind, die von den Regen bringenden Küstenwinden erreicht werden. Jeder Baum ist Teil eines Systems, das hilft, die Erde zu kühlen und den Kreislauf des Wassers in Gang zu halten.

Die Tatsache, daß sich Wüsten heute auch auf ehemals fruchtbares Ackerland der Erde ausbreiten – und zwar um 27 Millionen Hektar pro Jahr – liegt zum Teil darin begründet, daß große Waldregionen zerstört sind und ihre kühlende Wirkung herabgesetzt ist. Dadurch fällt in diesen Gebieten auch weniger Regen, der diese Wälder versorgt.

James Lovelock, einer der führenden Wissenschaftler der Welt und Vater der Gaia-Hypothese, schätzt, daß die kühlende Kraft der Wolken, die von einem Hektar tropischen Regenwalds erzeugt wird, dem Gegenwert von 1300 Dollar pro Jahr entspricht. Die Zahl wurde für die Energiemenge berechnet, die nötig wäre, wenn man einen mechanischen Luftkühler laufen ließe, der dieselbe Arbeit leistet. Die Kosten, eine solche Maschine herzustellen und instand zu halten, wären enorm und kämen zu diesem Betrag noch dazu. Doch glücklicherweise sind Bäume und Wälder hochentwickelte »Luftkühler« und »Regenmacher«, die sich selbst aufbauen und instand halten – auf der Basis der Sonnenenergie.
Die grünen Blätter im Laubdach eines Baumes dienen ihm als Sonnenkollektoren. Die Blattfläche eines Baumes, der als Teil eines natürlichen Waldes wächst, kann zwölfmal so groß sein wie die Fläche, die seine Krone selbst bedeckt. Diese Beschattung durch die Blätter verbessert das Klima am Boden, wodurch eine Reihe kühlerer, dunklerer und ausgeglichenerer Lebensräume entsteht, in denen viele verschiedene Pflanzen und Tiere Lebensbedingungen finden, unter denen sie gedeihen können.
Beispielsweise brechen die Äste und der Stamm eines Baumes die Kraft des Windes und bremsen sie. So entsteht ein geschützter Raum, in dem viele Lebewesen, einschließlich der Keimlinge und Schößlinge des Baumes selbst, eine Kinderstube und ein Zuhause finden. Da Energie weder neu geschaffen noch zerstört werden kann (sie kann nur von einer Form in eine andere verwandelt werden), wärmen sich die hin und her wiegenden Stämme genauso wie die Bremsen eines Autos auf. Doch das ist kein allzu großes Problem, da die Stämme von außen mit Luft und von innen mit Wasser gekühlt werden.

Der Einfluß der Bäume auf Stoffkreisläufe

Bäume haben noch andere Funktionen, die sich zwar mehr unterirdisch abspielen, aber genauso lebenswichtig sind. Ihr ausdauerndes Wurzelsystem kann sich im Boden über eine Fläche ausdehnen, die um ein Vielfaches größer ist als ihr Blätterdach. Es hilft, den Boden und seine Struktur zu erhalten. Dank der Bäume und ihrer Wurzeln bleiben alle Mineralien im natürlichen Kreislauf von Bodenentstehung, Blattbildung, Blattfall und Zersetzung gebunden. Das Wurzelgeflecht schützt den Boden außerdem vor Austrocknung und Erosion durch Wind und Wetter.
Abgesehen von der Zerstörung dieses natürlichen Kreislaufes und dem Verlust des lebendigen Bodens und seiner Mineralstoffe hat die Erosion, die durch Abholzung verursacht wird, andere weitreichende Folgen. Die Versandung und Anreicherung von Strömen, Flüssen, Seen und Küstengebieten mit Erde, die in diese Gewässer eingeschwemmt wird, hat für die Tierwelt, die Fischerei und die Schönheit solcher Wasserlandschaften katastrophale Folgen.
In den Tropen ist die Abholzung der Wälder eine der Hauptursachen für die Versandung der Korallenriffe. Dieser Vorgang bedroht nun das ökologische Gleichgewicht von etwa 90 Prozent der Riffe in der ganzen Welt. Korallenriffe sind natürliche Schutzwälle zwischen Land und Meer. Sie stehen quasi an vorderster Front. Solange sie wachsen, sind sie außerdem eines der Hauptventile, die den Gehalt des Kohlendioxids, des wichtigsten Treibhausgases, in der Atmosphäre regulieren. Wenn Korallenriffe wachsen, wird das Kohlendioxid in Form der Riff-Felsen wie in einem Langzeitspeicher gebunden. Alle Kalksteine der Welt sind im Meer entstanden. Ist das Kohlendioxid erst einmal festgelegt, bleibt es, ohne Schaden anrichten zu können, Millionen Jahre dort.
Im Gegensatz dazu wird Kohlendioxid, das von Bäumen aufgenommen wird, nur für relativ kurze Zeit gebunden; solange eben, wie der Baum lebt oder das, was auch immer aus seinem Holz hergestellt wird, erhalten bleibt. Wenn neue Bäume in einem Wald nachwachsen, nehmen sie wiederum Kohlendioxid aus der Luft auf. Vermodern alte Bäume, wird bei diesem Prozeß Sauerstoff verbraucht und Kohlendioxid entweicht wieder in die Atmosphäre. Natürliche Wälder nehmen also weder auf Dauer Kohlendioxid aus der Atmosphäre auf, noch produzieren sie zusätzlichen Sauerstoff, sie befinden sich vielmehr im Gleichgewicht. Mögen diese Wälder also lange erhalten bleiben, denn sie stellen die richtigen Umweltbedingungen und reichlich Energievorräte für mehr als zwei Drittel aller Tiere bereit, die die Erdoberfläche besiedeln. Forschungen haben gezeigt, daß eine Eiche in ihrer natürlichen Heimat Europa, die gerade die Reife erreicht hat, an einem Sommertag mehr als 68 Liter Wasser verdunsten kann

und eine potentielle Heimat für mehr als 260 Insektenarten ist. Bäume sind erstaunliche und immens wichtige Lebewesen, und wir müssen lernen, mit ihnen unseren Planeten zu teilen.

Weichhölzer und Harthölzer

Zu den Weichhölzern zählen neben Weide, Pappel, Erle und einigen anderen insbesondere die meisten Bäume aus der Gruppe der Gymnospermen. Von ihnen gibt es weltweit ungefähr 800 Arten. Der Ausdruck »Gymnospermen« ist von zwei lateinischen Wörten abgeleitet, die »Nacktsamer« bedeuten. Die Eizellen dieser Pflanzen liegen nackt auf der Oberfläche der schuppenförmigen Fruchtblätter, und dort findet auch die Bestäubung und Befruchtung statt, schutzlos den neugierigen Blicken der Clique der Botaniker ausgeliefert. Das Ergebnis ist ein nackter Keimling, der auf der Oberfläche einer Schuppe liegt und bereit ist, freigelassen zu werden. Oft besitzt er einen membranartigen Flügel, damit er sich schneller auf den Weg machen kann.

Weichholz ist in Wirklichkeit ein Ausdruck, der willkürlich festgelegt wurde. Viele der Hölzer, die von diesen Bäumen produziert werden, sind weich und leicht zu bearbeiten. Die Skala der Holzprodukte, die aus Koniferen (das sind Nadelhölzer) hergestellt werden, ist enorm. Am einen Ende des Spektrum stehen die schnell wachsenden, grobgemaserten Fichten (*Picea abies*), ideal für die Papierherstellung und für die Nutzung in der Bauindustrie. Am anderen Ende stehen die langsam wachsenden, feingemaserten Hölzer wie das der Gewöhnlichen Eibe aus Europa (*Taxus baccata*), wunderbar geeignet für Möbel und Innenräume, und eine Harzeibe aus Tasmanien (*Dacrydium franklinii*), die perfekt ist für den Bootsbau, denn sie ist hart, haltbar und gefeit gegen Verrottung.

Weitaus die meisten der Weichhölzer wachsen in der nördlichen Hemisphäre. Ihre Lebensräume erstrecken sich von den trockenen Mittelmeerländern über sehr feuchte, temperierte Gebiete, wo Regenwälder dominieren, bis hin zur Baumgrenze vieler Gebirge und der Arktis.

Der Wald, der die reichste Holzernte der Welt erbringt – mehr als zweimal so viel wie die eines durchschnittlichen tropischen Regenwaldes – bedeckte einst mehr als 1,8 Millionen Hektar der Westküste des gemäßigten nordamerikanischen Kontinents. Es ist traurig, aber 87 Prozent dieses Waldes in den Vereinigten Staaten sind bereits durch Erschließung und Abholzung zerstört. Sowohl in den Vereinigten Staaten als auch in Kanada steht die Zukunft der restlichen Fläche dieses beeindruckenden Waldes, selbst in Nationalparks und in Reservaten, auf des Messers Schneide.

Auch auf der Südhalbkugel gibt es Weichhölzer. Die bekannteste Art ist wahrscheinlich die Chilefichte (*Araucaria araucana*). Dieser Baum, dessen Äste unbesteigbar sind, da sie von spitzen, harten Blättern bedeckt sind, war vor 150 Millionen Jahren viel weiter über die Welt verbreitet. Reiche Vorkommen seines Harzes fand man in fossiler Form beispielsweise in Whitby an der Küste von Yorkshire in England. Wegen seiner dunklen Farbe war es das begehrteste Rohmaterial für Halbedelstein-Schmuck. In Mode gebracht hat es Königin Victoria, die diesen Schmuck besonders in den langen Zeiten der Hoftrauer schätzte.

Eine andere Gruppe von Weichhölzern der südlichen Hemisphäre, die in der Vergangenheit ebenfalls weiter verbreitet waren, sind die Steineiben. Ihre lateinische Bezeichnung lautet *Podocarpus*, ein Wort, das »Fuß-Frucht« bedeutet. Steineiben bilden keine Zapfen. Ihre nackten Samen liegen auf einer fleischigen Samenhülle. Diese lockt Vögel an, die die Samen weit verbreiten.

Ebenfalls in der südlichen Hemisphäre, in Neuseeland, steht ein riesiger angepflanzter Wald, genannt Kaingaroa. Beinahe 100 000 Hektar wurden mit einer einzigen Art eines exotischen Weichholz-Baumes bepflanzt, nämlich mit der Monterey-Kiefer (*Pinus radiata*). Sie war erst um die Jahrhundertwende aus Kalifornien eingeführt worden. Kaingaroa wurde zum leuchtenden Beispiel für eine Form der Waldwirtschaft, bei der fünf- bis zehnmal soviel Holz pro Hektar gewonnen wird als auf den besten Holzplantagen von Skandinavien und Kanada. Dieser Wald wurde allerdings auch ein hervorragendes Beispiel für die Probleme, die Monokulturen mit Holzwespen und dem Kiefernspitzenschorf (einer Pilzkrankheit, ausgelöst durch *Lophodermiam pinastri*) haben. Diese tun ihr bestes, um die Gewinne drastisch zu schmälern. Noch heute wird dort jedes Jahr die unglaubliche Menge von 1,9 Millionen

Kubikmeter Holz produziert. Könnte man einen solchen Wald auf den 300 Millionen Hektar degenerierten Waldlandes, das sich bereits quer über die gemäßigten Breiten erstreckt, pflanzen, könnte man damit die gesamte Nachfrage nach Weichholz der Weltbevölkerung decken. Man schätzt, daß um das Jahr 2010 weltweit pro Person ein Bedarf von einem Kubikmeter Weichholz pro Jahr besteht.
Die Vielfalt der Harthölzer ist enorm. Hierzu zählen alle Holzarten mit einer Dichte über 0,055 Gramm pro Kubikzentimeter (das bedeutet, daß ein Kubikmeter des Holzes nur 55 Kilogramm wiegt) bis hin zum südafrikanischen Ölbaum (*Olea laurifolia*), dessen Holz 1490 Kilogramm pro Kubikmeter wiegt. Das Charakteristische, das die meisten Harthölzer verbindet, ist die »geheime Hochzeit« der Angiospermen oder Blütenpflanzen. In dieser Pflanzengruppe findet die Befruchtung unsichtbar und geschützt vor Gefahr im Fruchtknoten der Blüte statt. Das Resultat ist ein komplett mit einem eigenen Energievorrat versehener Same, der völlig in eine trockene oder fleischige Frucht eingeschlossen ist.
Die größte Vielfalt an Hartholz-Bäumen und vor allem ihrer Hölzer findet man in den tropischen Regenwäldern, die einst mehr als 1,6 Milliarden Hektar der Erdoberfläche am Äquator bedeckten. Wir hören eine Menge über die Zerstörung der tropischen Wälder, und das ist auch notwendig. Denn ungeachtet der Fülle an wichtigen ökologischen Fragen, die sie aufzeigen, der Bedeutung ihrer Hölzer und der anderen Naturprodukte, mit denen diese Wälder die Erde auf nachhaltige und schonende Art und Weise versorgen könnten, wird alle zwei Sekunden ein Hektar dieser Wälder zerstört. Die Waldfläche, die damit jedes Jahr unwiderruflich verlorengeht, ist zweimal so groß wie die Fläche Österreichs.

Eukalyptus-Bäume

Vom schnell schwindenden Reichtum der vielen verschiedenen Familien der Harthölzer in den tropischen Wäldern kommen wir nun zu der verblüffenden Vielfalt innerhalb einer Gattung einer Pflanzenfamilie. Es ist die Familie der *Myrtaceae* (Myrtengewächse), die Gattung heißt Eukalyptus oder Australischer Gummibaum.
Eukalyptus ist bekannt für sein ätherisches Öl, das aus den Blättern gewonnen wird und allen, die an Schnupfen und Husten leiden, Linderung bringt. Man findet etwa 400 Arten dieser Gattung in Australien, von der Schneegrenze am Mt. Kosciusko, über die Regenwälder der Ostküste bis zu den trockensten Gebieten, wo die hohen, buschigen »Mallees« oder Zwergeukalypten allen Grundsätzen von den Bedürfnissen der Bäume nach Wasser zu trotzen scheinen.
Ebenfalls einzigartig sind die Eukalyptus-Blüten. Als Knospe sind sie von einer harten Kappe, die aus den Kelchblättern gebildet wird, bedeckt. Diese Kappe fällt ab und offenbart eine Vielzahl oft sehr prächtig leuchtender, bunter Staubgefäße. Die Frucht ist eine harte, verholzte Kapsel und enthält die winzigen Samen.
Die Blätter der meisten Eukalypten, auch die der höchsten Bergeschen (*Eukalyptus regnans*) in Viktoria und die der Karris (*Eukalyptus diversicolor*) und Jarrahs (*Eukalyptus marginata*) aus West-Australien, stehen senkrecht. Dadurch kann das Licht leicht durch das Blätterdach die Erde erreichen und läßt eine reiche Bodenflora aufkommen, zu der viele endemische, also nur in Australien vorkommende Gattungen, wie die *Banksia* oder Zylinderputzer (*Callistemon*), gehören.
Die Koalas kennen ihre Eukalyptus-Bäume genau, und sie fressen nur einige wenige von ihnen. Die Menschen dagegen haben mehr Schwierigkeiten, sie auseinanderzuhalten. Das erste Merkmal, nach der man die Eukalypten grob in Gruppen einteilen kann, ist die Rinde. Sie kann weich sein oder exotisch gefärbt in Grün, Lachsrosa, Gelb, tiefem Rot, Grau und Orange. Manche Gruppen haben eine faserige, geschuppte, rauhe oder sich in Streifen ablösende Borke. Letztere sehen aus, als ob sie so schnell gewachsen wären, daß sie dabei ihre schützende Hülle gesprengt hätten, die nun in Fetzen von den Zweigen hängt, bevor sie zu Boden fällt und den Mikroorganismen im Erdreich als Nahrung dient.
Genauso unterschiedlich ist das Holz der Eukalyptus-Bäume. Oft trägt es den Namen anderer Arten, denen es gleicht: Buchsbaum, Mahagonie und Esche – »Messmate« (*Eucalyptus obliqua*) allerdings ist ein speziell australischer Name.

Einige der Eukalypten wachsen mit unglaublicher Geschwindigkeit. Es sind Erträge von 60 Kubikmeter Holz pro Hektar und Jahr ohne Pause nachgewiesen. Aus diesem Grund sind und werden Eukalypten rund um die Erde angebaut. Eine Bergesche (*Eukalyptus regnans*), die in Zimbabwe gepflanzt wurde, erreichte in nur sieben Jahren eine Höhe von 30,48 Metern; die größten Vertreter vieler Eukalypten findet man an den ungewöhnlichsten Plätzen rund um die Welt.
Plantagen mit Exoten sind nicht immun gegen Probleme. Wie Kiefern laugen auch Eukalyptus-Bäume und sicher jede andere Frucht, die sehr schnell wächst, den Boden aus und tragen dazu bei, daß er versauert. Daß die Blätter der Eukalyptusbäume senkrecht zum Sonnenlicht stehen, führt außerdem dazu, daß sich das Erdreich überhitzt und austrocknet. Dies hat verheerende Folgen für die jeweilige Tier- und Pflanzenwelt am Boden, beschleunigt die Erosion und ist Ursache für andere schädliche Veränderungen der Umwelt.

Bäume, die Wind und Wetter trotzen

Die widerstandfähigsten Bäume der Welt sind die, die es schaffen, an den unwirtlichsten Plätzen zu leben; hoch oben auf Berghängen nahe der Baumgrenze oder nahe den kältesten, trockensten und windigsten Regionen der Welt. Der Fluß-Eukalyptus (*Eucalyptus camaldulensis*) zum Beispiel gedeiht in den semiariden Gebieten von Australien, wo weit und breit kein anderer Baum in Sicht ist. Wie der Name nahelegt, stehen Fluß-Eukalypten an den Ufern kurzlebiger Flüsse, in denen vielleicht nur ein einziges Mal im Lauf eines Känguruh-Lebens Wasser fließt. Ihre Wurzeln reichen tief hinab und folgen dem davonsickernden Wasser. Dauert die Trockenheit zu lange, werfen sie nicht nur ihre Blätter, sondern oft auch ganze Zweige ab.
Jeder Baum, der seine Blätter auch während der rauhen Lebensbedingungen im Winter behält, muß nicht nur fähig sein, die Transpiration einzuschränken, sondern er muß sich auch vor Frostschäden schützen können. Wie hart die Blätter auch sind, sie bestehen letztendlich hauptsächlich aus Wasser. Sind sie den bitterkalten Winden ausgesetzt, könnten sie erfrieren; die Eiskristalle würden die Zellen verwunden und das lebende Gewebe zerstören.
Die Nadeln der Zirbelkiefer (*Pinus cembra*), die nahe der Baumgrenze der höchsten Gebirge Europas wächst, machen, wenn der Winter naht, einen Prozeß durch, den man »Frostabhärtung« nennt. Dazu brauchen sie einen Vorrat von Zuckern und anderen chemischen Substanzen, die als Frostschutzmittel dienen. Nicht abgehärtete Nadeln sterben bei Temperaturen von –7 Grad Celsius ab. Wenn sie aber abgehärtet sind, können sie Temperaturen bis zu –60 Grad Celsius aushalten. Die Abhärtung drosselt das Tempo der Stoffwechselprozesse in den Blättern. Diese Pozesse befinden sich dann gleichsam im Leerlauf, und es wird nur sehr wenig Wasser oder Energie verbraucht. Bei Frühlingsanfang dreht sich der Prozeß um und die »Frostschutzmittel« werden zu Beginn der neuen Wachstumsperiode »ausgewaschen«.
Die Auszeichnung für den zähesten Baum der Welt muß wohl an die Sibirische Lärche (*Larix sibirica*) gehen, die in den lichten Wäldern der Taiga nahe dem Kältepol der nördlichen Hemisphäre dominiert. Omeikon im kontinentalen östlichen Sibirien rühmt sich jährlicher Temperaturschwankungen von 100 Grad Celsius und einer durchschnittlichen Jahrestemperatur von –16,3 Grad Celsius. Der Boden ist ständig bis in eine Tiefe von 250 Metern gefroren. Der einzige Grund, weshalb Bäume dort überhaupt leben können, ist der, daß in dem extrem kurzen Sommer von gerade ein paar wenigen Wochen Dauer das Eis an der Oberfläche schmilzt und genügend Wasser für das Wachstum zur Verfügung steht.
Zäh wie auch alle anderen Lärchen sind, verliert die Sibirische Lärche ihre Nadeln jeden Winter. Die arktischen und alpinen Laubbäume (Weiden, Birken und Erlen), die in ähnlich extremen Lebensräumen vorkommen, werfen ebenfalls alle ihr Laub ab. Viele sind von bonsaiartiger Gestalt, weil ihre Gipfel zum Schutz unter der Schneedecke liegen oder sogar fest im Eis einfrieren. Dort sind sie sicher, da dort eine Temperatur von ungefähr 0 Grad Celsius herrscht, während der Wind, der über der Schnee- und Eisdecke braust, die tatsächliche Temperatur auf –80 Grad Celsius sinken lassen kann.
Extreme Bedingungen scheinen die Gestalt der Bäume zu verändern. Sowohl Kälte als auch Trocken-

heit führen dazu, daß sie spitzere Kronen ausbilden. Das scheint darauf zu beruhen, daß das Wachstum der Seitentriebe gehemmt wird; die Zweige bleiben kurz, während der Stamm weiter in die Höhe wächst. Andere extreme Baumformen nennt man »Krummholz«; es sind mißgestaltete Bäume, bei denen alle Zweige zu einer Seite wachsen, und zwar weg von der vorherrschenden Windrichtung. Nur an der Basis trägt der Stamm eine Vielzahl von Zweigen rundherum, denn dort bietet der Schnee im Winter genug Schutz vor der zerstörerischen Wirkung der Eiskristalle, die der Wind mit sich trägt.
Dieser »Formschnitt« von Bäumen durch den Wind ist ein Phänomen, das oft mit der Situation an der Küste verglichen wird, wo die vom Wind herangewehte salzige, ätzende Gischt auf die Bäume wirkt wie ein Schnitt.

Salztolerante Bäume

Die härtesten und vielleicht zähesten aller salztoleranten Bäume sind die Mangroven. Diese Bäume wachsen in der Litoralzone, also innerhalb der Gezeitenzone von Ebbe und Flut. Zweimal pro Tag werden ihre Wurzeln vom Salzwasser überflutet, und zweimal täglich wird das Salz durch Sonne und Wind eingedampft oder vom Regen verdünnt und weggewaschen. Wie die Seegräser, die an felsigen Küsten gedeihen, wachsen Mangroven in verschiedenen Zonen: Einige halten es viel länger aus, dem Salzwasser ausgesetzt zu sein, als andere.
Würden die Wurzeln der Mangroven das Meerwasser in ihren Transpirationsstrom aufnehmen, würde durch die Verdunstung Salz auf der Blattoberfläche und in den lebenden Zellen zurückbleiben. Der Zellsaft würde mehr und mehr angereichert und sowohl die Blätter als auch der Baum würden bald absterben. Doch es dringt nur sehr wenig Salz ein, die Wurzeln der Mangroven wirken also als Filter.
Die Schwarze Mangrove (*Avicennia germinans*) besitzt Drüsen an der Unterseite ihrer Blätter, die aktiv Salz auf der Blattoberfläche ausscheiden, um das chemische Gleichgewicht im Inneren der Zellen zu erhalten. Andere werden überschüssiges Salz los, indem sie die alten Blätter abwerfen.
Egal, ob Mangroven das Salz dank der filtrierenden Wirkung ihrer Wurzeln erst gar nicht aufnehmen oder ob sie es über die Blätter wieder ausscheiden, beides sind aktive Prozesse, die Energie verbrauchen. Mangroven sind folglich solarbetriebene, salzausscheidende Pflanzen. Sie sind außerdem ein Bestandteil der natürlichen Barriere gegen das Meer, da sie den ansonsten losen Sand und Schlick festhalten.
Die gekrümmten Wurzeln der Weißen Mangroven (*Laguncularia racemosa*) helfen, den Baum zu stützen und Schlick zu stabilisieren, aber sie haben noch eine andere Funktion. Diese Wurzeln sind reichlich mit sogenannten Lentizellen oder Atmungsporen ausgestattet, die ihr lebendes Gewebe mit Sauerstoff versorgen, den sie unten im sauerstofffreien Schlamm brauchen. Fällt diese Versorgung aus, sind die Wurzeln nicht in der Lage, das Salz aus dem Transpirationsstrom zu filtern.
Wurzeln wachsen gewöhnlich nach unten und gehorchen dem Gesetz der Schwerkraft, doch manche Mangroven-Wurzeln scheinen dieser Regel den Gehorsam zu verweigern. Die Stelzwurzeln der Mangroven und der Sumpfzypresse (*Taxodium distichum*) wachsen nach oben in die Luft und biegen dann wieder nach unten ab. Diese Wurzeln, vor allem die knieförmig oder wie ein Draht gebogenen, enthalten eine Unmenge schwammartiges, luftgefülltes Gewebe, das mit den Lentizellen verbunden ist und ebenfalls eine gute Sauerstoffversorgung der Wurzeln im sauerstofffreien Boden sichert. Ein extremes Beispiel sind die Atemwurzeln (Pneumatophoren) der Schwarzen Mangrove. Dies sind Seitenwurzeln, die entgegen den Gesetzen der Schwerkraft senkrecht nach oben aus dem sauerstofflosen Schlamm wachsen. Wasser kann durch die Atmungsporen nicht eindringen, so daß bei Flut jede Wurzel als Reservoir mit sauerstoffreicher Luft dient. Bei Ebbe werden sie wieder neu aufgetankt.
Die Zerstörung der verschiedensten natürlichen Wälder bringt alle möglichen Probleme mit sich. In den Weizenanbaugebieten von Australien und anderen heißen, trockenen Gegenden der Welt roden die Farmer die tiefwurzelnden Bäume, um Feldfrüchte anzubauen. Ohne diese Bäume, die das Wasser tief aus dem Boden an die Oberfläche transportieren, steigt der Grundwasserspiegel an und bringt Salz mit sich. In wenigen Jahren wird der Boden zu salzig, um darauf Feldfrüchte anzubauen, und die Farmen

werden wegen der Erosion aufgegeben. In Australien werden in großem Maße wieder einheimische, salztolerante Bäume angepflanzt. Dies ist Teil eines landesweiten Programms, genannt »Land Care«, das nach und nach einige Gebiete wieder in ihren ursprünglichen Zustand versetzt.

Palmen

Abgesehen von der Tatsache, daß sie sehr hoch werden, sind Palmen keine Bäume im engen Sinn des Wortes, denn das Holz ihrer Stämme ist ganz anders aufgebaut als das der Laub- und Nadelbäume. Um die neuen Blätter an der Spitze des Stammes zu versorgen, werden neue Bündel von Leitbahnen gebildet, die die Blätter mit den faserigen Wurzeln unten verbinden. Jedes Bündel ist einzeln abgetrennt und enthält sowohl tote Röhrenzellen, um das Wasser nach oben zu befördern, als auch lebende Röhrenzellen, um den Zucker nach unten zu transportieren. Der abgeschnittene Strunk einer Palme ist gefleckt von den Querschnitten dieser Leitbündel, die in eine Schicht aus hartem, dickwandigen Füllgewebe eingelagert sind. Festigkeit verleiht dem Strunk auch der harte Blattgrund, der stehenbleibt, auch wenn die oft riesigen Blätter längst abgefallen sind. Die Raphia- und die Echte Weinpalme (*Raphia hookeri* und *Raphia vinifera*) halten den Weltrekord bezüglich der Blattgröße mit Blättern, die bis 20 Meter lang werden.

Unter den 1385 verschiedenen Arten der echten Palmen sind die bekanntesten die Kokospalme (*Cocos nucifera*), die Dattelpalme (*Phoenix dactylifera*) und die Ölpalme (*Elaesis guineensis*), die gemeinsam aus den Palmen eine der ökonomisch wichtigsten Pflanzenfamilie machen; sie kommen in ihrer wirtschaftlichen Bedeutung gleich nach den Gräsern.

Drei andere Gruppen baumähnlicher Pflanzen hält man fälschlicherweise oft für Palmen: den Schraubenbaum (*Pandanus*), die Cycadeen oder Palmfarne (*Cycas*) und die Baumfarne (*Cytheaceae* und *Dicksoniaceae*). Fehler sollten eigentlich nicht vorkommen, denn es ist einfach, sie auseinanderzuhalten.

Der Schraubenbaum ist weder eine Kiefer, wie sein englischer Name »screw pine« nahelegt, noch eine Palme, wie die zweite deutsche Bezeichnung »Schraubenpalme« vermuten läßt, sondern eine Blütenpflanze. Die Blüten und Früchte sehen wie gigantische Zapfen aus, die von den Zweigen herabhängen. Wenn diese baumähnlichen Pflanzen wachsen, werden die steifen, spitzen Blätter in Form einer Spirale angeordnet, daher auch der Name Schraubenbaum.

Cycadeen gehören zu den Nacktsamern, der Pflanzengruppe, die Zapfen trägt. Als ob sie das beweisen wollten, produzieren einige enorme Zapfen, die aufrecht aus dem Zentrum der Blätter, dem Blattquirl, emporwachsen.

Die Blätter aller echten Palmen wachsen aus der Spitze des Stammes, sie sehen aus wie kleine Schwerter. Dagegen sind die jungen Blätter der Baumfarne aufgerollt wie ein Bischofsstab. Wie alle Farne produzieren auch diese Farn-Riesen, die nur auf der Südhalbkugel vorkommen, weder Blüten noch Zapfen. Sie pflanzen sich mittels Millionen winziger gelber oder brauner Sporen fort, die sie in Massen auf der Unterseite der Blätter bilden.

Grasbäume

Die echten Grasbäume (*Xanthorrhoea*) findet man nur in Australasien. Es gibt ungefähr 66 Arten, und wie ihr Name schon nahelegt, bestehen sie aus einer Krone von grasähnlichen Blättern, die aus der Spitze des kurzen Stammes wachsen. Viele von ihnen halten sowohl Trockenheit als auch Feuer stand; ihr Strunk ist oft von Ruß schwarz gefärbt. Sie bestechen vor allem durch die Schönheit ihrer langen Blütenrispen, die hoch über die Spitzen der Bätter herausragen.

Drachenbäume (*Dracaena*), Yuccas (*Yucca*) und die Keulenlilien (*Cordyline australis*) sind alles Pflanzen, aus denen Fasern gewonnen werden. Sie gehören zu den Agavengewächsen. Wie die Palmen entwickeln auch sie während des Wachstums durch Sklerenchymscheiden getrennte Leitbündel im Stamm. Sie sind außen am Stamm ringförmig zusammengefaßt, so daß die Stämme stark genug sind, aufrecht zu stehen; ein harter, den Stamm umhüllender Blattgrund ist deshalb nicht nötig. Ein riesiger

Drachenbaum auf den Kanarischen Inseln, der leider durch Blitzschlag zerstört wurde, war sowohl wegen seines großen Stammes als auch wegen seines Alters berühmt.
Doch wie bereits gesagt, ist die wirtschaftlich bedeutendste Pflanzenfamilie die der Süßgräser, denn sie versorgen einen großen Teil der Menschheit mit dem Grundnahrungsmittel Getreide: Reis, Mais, Weizen und Gerste. Aber auch Zucker wird von nützlichen Gräsern mit baumartigen Ausmaßen geliefert: Das Zuckerrohr mit seinem harten, holzigen Halm, so der exakte Name für einen Grasstengel, wird sehr hoch.
Das größte Gras von allen ist der Bambus. Einige Arten können in drei Monaten bis 30 Meter hoch werden und erreichen Spitzenwerte von 45 Metern, wenn sie ausgewachsen sind. Bambus bildet ganze Wälder, in denen eigene Gesetze gelten; Wälder, die der einzige natürliche Lebensraum eines der am meisten gefährdeten großen Säugetiere sind: Sie sind die Heimat des Großen Panda.

Laubabwerfende und immergrüne Bäume

Alle Bäume werfen ihr Laub ab: Jedes Blatt hat eine bestimmte Lebensspanne, nach der es vom Baum abgetrennt wird, stirbt und zu Boden fällt.
Immergrüne Bäume sind immergrün, weil sie ständig neue Blätter bilden und gleichzeitig alte abwerfen. Auf diese Weise gibt es immer genug lebende Blätter, so daß der Baum grün bleibt und, wenn die Lebensbedingungen gegeben sind, aktiv wächst. Einige Bäume, vor allem solche, die in Klimagebieten leben, in denen sich Zeiten mit verschiedenen Lebensbedingungen abwechseln (Trocken- und Kälteperioden), bilden eher Blätter mit einer Lebenszeit von weniger als einem Jahr. Laubabwerfend nennt man sie dann, wenn alle Blätter ungefähr zum selben Zeitpunkt absterben.
Ob immergrün oder laubabwerfend, der Verlust der Blätter ist kein willkürlicher oder planloser Vorgang. Er ist Teil eines kontrollierten Prozesses, der im Baum abläuft. Diesen Prozeß nennt man Abscission (das Abwerfen von Pflanzenteilen), und er läuft in mehreren Stadien ab. Wenn sich die Lebenszeit eines Blattes dem Ende zuneigt, werden ihm wichtige Mineralien und Nährstoffe entzogen und in den Zweigen, im Stamm und in den Wurzeln gespeichert. Das Leitsystem zum und vom Blatt wird dann mit wasserabweisenden chemischen Substanzen blockiert. In der Zwischenzeit lagert sich ein Trennungsgewebe um die Basis der Blattstiele ab, und es entwickelt sich eine Schicht loser Zellen. Manchmal wird jedes Blatt nur noch von den verschlossenen Blattgefäßen festgehalten und bleibt hängen, bis der Wind oder Regen es losreißen. Zum Abschluß dieses Prozesses wird die Stelle mit verkorktem Narbengewebe versiegelt, damit die selbst zugefügte Wunde vor eindringenden Bakterien und Pilzen geschützt ist, durch die das Holz verrotten würde.
Die Herbstfärbung ist das erste äußere Anzeichen dafür, daß der Vorgang des Laubabwerfens beginnt. Am besten kann man dies in den Wäldern von Europa, China und vor allem in den Appalachen in den Vereinigten Staaten beobachten. Dies ist eines der wirklichen Wunder in der Welt der Wälder. Es ist schwer, sich vorzustellen, daß die ganze Palette der Farben das gesamte Jahr über vorhanden ist und lediglich durch die Masse des grünen Chlorophylls überdeckt wird. Wenn die Blätter sterben, baut sich Chlorophyll ab und es enthüllt sich die bis dahin verborgene Pracht. Aber so schön diese Farbtöne auch in der Herbstsonne leuchten, nur das Grün des Chlorophylls kann den letztendlich wichtigsten Prozeß, die Photosynthese, in Gang halten.

Bäume des Regenwaldes

Tropische Regenwälder findet man nur in den wärmeren, feuchteren Regionen der Welt, wo Bäume das ganze Jahr hindurch wachsen können. Abgesehen davon ist das Leben in den feuchten Tropen gespickt mit allen möglichen Schwierigkeiten, sogar für die Bäume, die hervorragend angepaßt sind.
Das immergrüne, dichte Blätterdach der Regenwälder vermag etwa 60 Prozent der tropischen Regenfälle aufzufangen und läßt das Wasser direkt wieder in die Atmosphäre verdunsten. Aber es gelangt noch genug auf den Boden, um alle mineralhaltigen Nährstoffe, die lose im Boden liegen, auszuwaschen.

Aus diesem Grund müssen all diese Bäume mit einem sehr geringen Vorrat an Mineralien auskommen, und alle sind völlig von den Mikroorganismen abhängig, die im Boden leben. Besondere Bedeutung haben die Mykorrhiza-Pilze, die eng verbunden mit den Wurzeln der Bäume leben. Sie enthalten alle verfügbaren Mineralstoffe und führen sie den Bäumen zu.

Außerdem müssen die Bäume zunächst mit einem sehr spärlichen Energieangebot auskommen, denn die Keimlinge müssen sich im tiefen Schatten auf dem Waldboden entwickeln. Um dieses Problem zu lösen, besitzen viele von ihnen, wie beispielsweise die Avocado, große Früchte voller Energievorräte, die es dem Samen ermöglichen, im Dunkel des Waldbodens zu keimen, zu einer bestimmten Größe heranzuwachsen und sich dann dem Überlebenskampf auf dem Waldboden zu stellen.

Bäume mit kleineren Samen, die geringere Energievorräte haben, brauchen zum Keimen und Wachsen mehr Licht. Nur wenn einer der großen Bäume umstürzt und dabei oft noch andere mitreißt, erreicht ausreichend Sonnenlicht den Boden und ermöglicht es den bereits wartenden Keimlingen, schnell zu wachsen. Der Wettkampf ums Überleben ist dann voll im Gange, und manchmal wird nur einer gewinnen, die Lücke im Blätterdach erneut schließen, und der ganze Kreislauf beginnt von Neuem.

Wenn ein alter Baum zugrundegeht, werden die Mineralstoffe aus seinem Holz freigesetzt, von Pilzen aufgenommen und direkt wieder den wachsenden Bäumen zugeführt – ein Glied in der endlosen Kette des Kreislaufs und der Regeneration.

Überschüssiges Wasser bringt ein weiteres Problem mit sich: Die Bäume werden leicht von Epiphyten besiedelt; das sind Pflanzen,die Bäume und vor allem ihre oberen Äste als Lebensraum nutzen, wo sie im Sonnenlicht gedeihen können. Einige unserer häufigsten Zimmerpflanzen – Fensterblatt (*Monstera deliciosa*), Dieffenbachie (*Dieffenbachia picta*), Bromelien, Tillandsien und sogar der Weihnachtskaktus – kommen in ihrem natürlichen Lebensraum hoch oben auf Bäumen vor.

Die größeren Epiphyten schaden den Bäumen nur sehr wenig, abgesehen davon, daß sie die Wahrscheinlichkeit für Windschäden erhöhen. Es sind die kleineren – Flechten, Moose und die Lebermoose – die wirklich ein Problem sind, besonders wenn sie direkt auf der Oberfläche der Blätter wachsen. Dieses sogenannte Epiphyll ist für die Wirtspflanze eine ernsthafte Konkurrenz im Kampf um das Licht.

Tropische Bäume besitzen zwei ziemlich ungewöhnliche Anpassungsmechanismen, um das Wachstum des Epiphylls in Grenzen zu halten. Die Blätter vieler Bäume im Regenwald besitzen lange, schmale »Träufelspitzen«. Diese leiten das Wasser schnell von der Blattoberfläche, legen sie trocken und helfen so, dem Wachstum anderer Pflanzen vorzubeugen. Sicher haben Blätter mit Träufelspitzen wesentlich weniger Epiphyll als solche ohne.

Ebenso leiden Ameisenpflanzen (*Myrmecophyta*) weniger unter Epiphyll. Ameisenpflanzen leben in Symbiose mit bestimmten Arten von Ameisen. Sie bilden Hohlräume als Unterschlupf für sie und versorgen sie mit Nahrung aus speziellen Drüsen. Im Gegenzug verjagen die Ameisen potentielle Eindringlinge – seien es nun Insekten oder Menschen. Sie beseitigen auch die Samen und Sporen von eventuellen Epiphyten. Zwei der bekanntesten dieser Bäume sind *Acacia nicoyensis* aus Afrika, die den Ameisen Brutplätze in den langen gekrümmten »Dornen« bereitstellt, und der »Ameisenbaum« *Cecropia albida* aus Südamerika, der sich von allen anderen Baumriesen abhebt, weil er von Epiphyll, rastenden Botanikern, Lianen und sogar von berüchtigten Kletterpflanzen gemieden wird. An beziehungsweise in seinen Ästen bietet er den Ameisen Nahrung und Schutz, die im Gegenzug alle Eindringlinge vertreiben.

Die Kletterpflanzen sind für die Bäume die lästigsten von allen »anhänglichen« Pflanzen. Sie beginnen ihr Leben als Epiphyten hoch oben auf den Zweigen, und von dort aus wachsen ihre holzigen Wurzeln nach unten. Diese umklammern den Baum, der sie bei dieser tödlichen Umarmung auch noch unterstützt hat. Der Baum stirbt langsam ab, verrottet und ernährt die Kletterpflanze mit all den Nährstoffen, die sie braucht, um im Wald Fuß zu fassen. Die sogenannten Würgfeigen sind die berüchtigsten, während in den gemäßigten Regenwäldern von Neuseeland die Rotangpalmen (*Calamus*) eine ähnliche Rolle spielen.

Bäume, die Trockenheit und Feuer widerstehen

Bäume müssen nicht ihre Blätter oder, wie in ein paar wenigen Fällen, ganze Äste abwerfen, um Trockenzeiten zu überdauern. Es gibt nämlich noch viele andere Möglichkeiten. Die häufigste Anpassung, um Wassermangel zu vermeiden, ist die sogenannte Hartlaubigkeit, also die Ausbildung von kleinen, harten Blättern. Diese Blätter haben dicke, wachshaltige, wasserabweisende Schichten. Ihre Spaltöffnungen sind in Vertiefungen eingesenkt und oft von Haaren bedeckt. Auf diese Weise kann der Baum die Verdunstung und den Verlust von Wasser steuern, oder den Vorgang der Transpiration ganz unterbrechen, wenn es notwendig ist.

Die Eichen im Mittelmeerraum sind meist nur Varianten ihrer Vettern aus gemäßigten Breiten: Sie haben oft lediglich kleinere und behaartere Blätter. Am anderen Ende der Skala der Anpassung stehen die Hakeas (*Hakea*) in Australien und die Ginster (*Genista*) und Stechginster (*Ulex*) aus Eurasien. Ihre Blätter sind zu harten Stacheln und Dornen reduziert oder sie fehlen ganz. Ihre Funktion wird dann von den grünen Stämmen übernommen. Diese Reduktion und Umwandlung der Blätter in Stacheln macht die Triebe auch für Pflanzenfresser weniger schmackhaft, obwohl einige, beispielsweise Ziegen, jede Schutzmaßnahme zu ignorieren scheinen, die sich die Natur ausdenkt. Ziegen sind übrigens die Feinde der Wiederaufforstung in vielen Teilen der Welt.

Eine sehr spezielle Form der Anpassung zeigen einige Büsche und Bäume Neuseelands. Ihre Stämme verzweigen sich wiederholt und bilden ein undurchdringliches Geflecht von stacheligen Ästen, in dessen Innerem die Blätter, Blüten und Früchte sicher vor hungrigen Mäulern geborgen sind. Das sonderbare ist jedoch, daß es ursprünglich in Neuseeland keine weidenden Säugetiere gab. Haben sich diese Bäume vor dem Moa, einem ausgestorbenen Schnepfenstrauß Neuseelands, geschützt? Denn diese Riesenvögel waren die einzigen großen Pflanzenfresser auf den Inseln von Neuseeland.

Trockenzeiten gehen oft Hand in Hand mit Feuer einher, und so müssen gegen Trockenheit tolerante Bäume auch gefeit sein gegen Feuer. Die Korkeichen aus dem Mittelmeergebiet haben eine sehr dicke, verkorkte Borke, die nicht nur das lebende Gewebe vor Bodenfeuer schützt, sondern für den richtigen Schutz des Champagners und anderer großer Weine der Welt sorgt. Die riesigen Mammutbäume (*Sequoiadendron giganteum*) haben ebenfalls eine ungeheuer dicke, feuerfeste Borke, die so weich ist, daß man ungestraft mit der Faust auf sie einschlagen darf. Aber achten Sie bitte darauf, daß Sie auch wirklich den richtigen Baum auswählen, sonst werden Sie wunde Knöchel davontragen oder noch etwas Schlimmeres.

Eukalyptusbäume besitzen alle hochflüchtige, leicht entflammbare Öle, so daß sich das Feuer rasch zu ihrer Krone vorarbeitet. Ihre Stämme sind reichlich mit ruhenden Knospen ausgestattet, die von der Rinde geschützt werden und bereitstehen, neue Blätter auszutreiben, sobald das Feuer vorbei ist. Die am besten angepaßten sind die buschigen Zwergeukalypten oder Mallees, die große, verdickte, zum Teil im Boden liegende ruhende Knospen besitzen. Bei diesen Mallees kann das Feuer noch so schlimm sein, selbst wenn der Stamm zerstört ist, können die Knospen im Boden wieder austreiben.

Natürliche Waldbrände entstehen meist durch Blitzschläge, denen oft sofort Regen folgt – ideale Bedingung für einen Neuaustrieb. Eukalyptuswälder scheinen perfekt an die Herrschaft der Waldbrände angepaßt zu sein. Ihre abgefallenen Blätter ernähren eine reiche Bodenflora. Wenn sich die Blätter auf dem Waldboden jedoch zu lange ansammeln könnten, würde es soviel potentielles Brennmaterial geben, daß ein Brand katastrophal wäre. Regelmäßige Brände scheinen also die einzige Garantie für ein längerfristiges Überleben zu sein. Tatsächlich öffnen sich die Früchte vieler Eukalyptus-Arten, die hoch oben an den Zweigen hängen, erst, wenn sie durch einen Waldbrand angesengt werden. Die Samen fallen dann auf einen Boden, der fast ganz von konkurrierenden Pflanzen befreit ist, und keimen in einem nährstoffreichen Beet aus Asche. Waldschutz und -management gehen in den trockenen Gebieten von Australien oft Hand in Hand mit aufsehenerregender Pyrotechnik.

Die Suagaro-Kakteen (*Carnegia gigantea*) in der Sonora-Wüste an der mexikanisch-amerikanischen Grenze sind sicherlich die besten Beispiele für trockenheitstolerante Pflanzen von baumartigen Ausmaßen. Sie werden bis zu 20 Metern hoch. Die Blätter sind zu Stacheln rückgebildet, die in Gruppen

auf erhöhten Polstern sitzen. Das ist das Kennzeichen der echten Kakteen, die alle in der Neuen Welt beheimatet sind. Der geriffelte grüne Stamm, der mehr als sechs Tonnen wiegen kann, speichert alles Wasser und ist der Ort, an dem die Photosynthese stattfindet.

In der Alten Welt wird der Platz der Kakteen von den Mitgliedern vieler verschiedener Pflanzenfamilien eingenommen, die eine konvergente Entwicklung durchgemacht haben. Man nennt sie – gemeinsam mit den Kakteen – Sukkulenten. Konvergenz bedeutet, daß ähnliche Anpassungen entwickelt werden, um ähnliche Probleme zu lösen. Deshalb gleichen sie den echten Kakteen. Die bizarrsten Formen von ihnen findet man im Südwesten von Madagaskar: Didiereen (*Didiera ceae*), den Elephantenfuß- oder Flaschen-Baum (*Beaucarnea recurvata*) sowie riesige Kalanchoen und baumförmige Wolfsmilchgewächse (*Euphorbiaceae*).

Diese große Insel ist auch die Heimat von sieben Arten der Baobabs oder Affenbrotbäume, die alle verdickte Stämme besitzen, um Wasser für künftige Trockenperioden zu speichern. Einer der berühmtesten steht nahe der Stadt Derby in Nordwestaustralien. Sein riesiger, jetzt hohler Stamm wurde in den frühen Tagen der Kolonisierung als Gefängnis benutzt. Ein anderer berühmter Baobab steht im Garten von Ernest Hemingways Haus auf Kuba.

Baobabs gehören zur Familie der *Bombacaceae*, zu der auch der Balsabaum (*Ochroma pyramidale*), der Kapokbaum (*Ceiba pentandra*) und der Durian (*Durio zibethinus*) gehören. Balsabäume versorgen uns mit sehr leichtem Holz, ideal, wie Thor Heyerdahl bewies, um seetüchtige Flöße zu bauen; die Samen des Kapok fliegen mittels vieler seidiger Fasern durch die Luft und sind ein ideales nachwachsendes und leichtgewichtiges Isoliermaterial für Outdoor-Kleidung. Die Durians aber liefern etwas, was für manche sehr abstoßend ist: Früchte von einem ungewöhnlich intensiven Aroma.

Bäume, die Früchte und Nüsse liefern

An den Geschmack der Durian-Frucht muß man sich erst gewöhnen. Es ist eine riesige, holzige, von Stacheln bedeckte Frucht. Das Fruchtfleisch im Inneren schmeckt himmlisch, aber es riecht wie eine Kloake. Probieren Sie die Frucht auf eigene Gefahr oder zum Spaß aus, aber nehmen Sie sie nie in ein Hotel mit Klimaanlage mit, denn die flüchtigen Bestandteile dieser besonderen Frucht verbreiten sich unaufhaltsam.

Alle Familien der Blütenpflanzen produzieren Früchte. Eines ihrer charakteristischen Merkmale ist, daß die Samen in einer Hülle, der Frucht, verborgen sind. Die meisten Früchte der Bäume sind für den Menschen nicht genießbar, weil sie hart und trocken sind und sehr wenig Fruchtfleisch besitzen. Meistens geben wir den fleischigen Früchten – den Äpfeln, Beeren und Steinfrüchten den Vorzug.

Die Frucht des Johannisbrotbaums (*Ceratonia siliqua*) gleicht einer großen hölzernen Bohne, die mit ziemlich klebrigen und leicht süßen Samen gefüllt ist. Die Samen sind in ihrer Größe sehr einheitlich und wurden früher von Juwelieren als Gewichte verwendet. Tatsächlich wurde der Begriff Karat vom Namen des Johannisbrot- oder Karob-Baumes abgeleitet. An diesem bei Kindern und Tieren beliebten Baum werden heute viele Forschungen durchgeführt, um den wahren Wert des Karobs als Tierfutter und als Baum für Pflanzungen in Halbwüsten, die für die Produktion von für den Verkauf bestimmten Feldfrüchten verloren sind, zu entdecken. Karob-Bäume könnten bald die beste Hilfe für die Trockengebiete der Erde sein.

Die fleischigsten Früchte, die es auf dem Weltmarkt gibt, gehören zu zwei Familien: die Familie der Rosengewächse und die der Citruspflanzen. Bäume aus der Familie der Rosengewächse versorgen uns beispielsweise mit Äpfeln (*Malus domestica*) und Birnen (*Pyrus communis*). Beides sind Sammelbalgfrüchte. Außerdem gehören zu dieser Familie Kirschen (*Cerasus vulgaris* und *Cerasus avium*), Pflaumen (*Prunus domestica*), Aprikosen (*Armeniaca vulgaris*) und Pfirsiche (*Persica vulgaris*). Sie sind alle Steinfrüchte – das sind fleischige Früchte, die einen oder mehrere Samen enthalten, von denen jeder mit einer harten, steinigen Hülle versehen ist. Hunderte von köstlichen Sorten wurden über Jahrhunderte hinweg von engagierten Liebhabern und Obstbaumzüchtern ausgelesen und gezüchtet.

Auch die Familie der Citrusgewächse bringt eine erstaunliche Vielfalt von Früchten wie Orangen

(*Citrus sinensis*), Zitronen (*Citrus limon*), Grapefruits (*Citrus paradisi*), Limetten (*Citrus aurantiifolia*), Tangerinen (*Citrus tangerina*) und Satsumas (*Citrus unshiu*) hervor; Früchte, die wir in den entwickelten Ländern nicht einfach als selbstverständlich betrachten sollten.

Heute können wir eine Vielzahl exotischer Früchte aus der ganzen Welt in unseren Supermärkten kaufen: Mangos (*Mangifera indica*), Mangostanen (*Garcinia mangostana*), Feigen (*Ficus carica*), Maulbeeren (*Morus*), Papayas (*Carica papaya*), Rahmapfel (*Annona squamosa*), Sauersack oder Stachelannone (*Annona muricata*) und natürlich die altbekannte Banane (*Musa*). Alle diese Früchte und viele andere zieren die Regale, führen unseren Gaumen in Versuchung und wachsen auf Bäumen. Eine Ausnahme ist die Banane, sie ist die Frucht einer großen Staude.

Eine Nuß ist definiert als eine trockene Frucht, die sich nicht von selbst öffnet, um ihren Samen zu entlassen. Litchis (*Litchi chinensis*) und Rambutans (N*ephelium lappaceum*) sind eine Art untypische Nußfrüchte. Der Teil, den wir essen, ist der fleischige Auswuchs der Samenbasis, der sogenannte Samenmantel. Cashew-Nüsse (*Anacardium occidentale*) entstehen am breiten Ende eines birnenförmigen, fleischigen Fruchtstiels, dem sogenannten Cashew-Apfel, dessen Fruchtwand giftig ist. Aus derselben Familie stammt die köstliche Pistazie (*Pistacia vera*).

Die Wälder der Appalachen in den Vereinigten Staaten halten wahrscheinlich den Rekord in der Produktion von Nüssen, sowohl was die Vielfalt als auch die Menge angeht. Man hat errechnet, daß jeder Hektar Wald oberhalb des Überschwemmungsgebietes des Mississippi 3500 Kilogramm Hickory-Nüsse (*Carya illinoinensis*), 750 Kilogramm Eicheln der Kalifornischen Schwarzeiche (*Quercus kelloggii*), 300 Kilogramm Eicheln der Weißeiche (*Quercus alba*), 15 Kilogramm Eicheln der Amerikanischen Roteiche (*Quercus rulera*) bringt; dazu kommen noch geringere Mengen von Schwarznüssen (*Juglans nigra*), Königsnüssen (*Carya laciniosa*), Eicheln der Sumpfeiche (*Quercus palustris*), die Schweinsnuß (*Corya globera*), Weiße Hickory-Nüsse (*Carya alba*), Nüsse der Filzigen Hickory (*Carya tomentosa*), Pimpernuß (*Staphylea pinnata*) und viele mehr. All das summiert sich zu unglaublichen 4,5 Tonnen Nüsse pro Hektar Wald.

Wir können nur schätzen, wie es um die Produktivität des Waldes in den Appalachen bestellt war, bevor ein Pilz (*Endothia parasitica*) 1885 eingeschleppt wurde. Bis zu dieser Zeit bestand der Wald von Maine bis hinunter nach Georgia zwischen 30 und 70 Prozent aus Amerikanischen Kastanien (*Castanea dentata*). Der Pilz, der versehentlich aus China oder Japan eingeschleppt wurde, vernichtete diese Bäume bis 1925. Genauso bedroht nun die sogenannte Ulmenkrankheit, die ebenfalls von einem Pilz hervorgerufen wird, die Ulmen in Europa.

Die Europäische Edelkastanie (*Castanea sativa*), in Großbritannien besonders zur Weihnachtszeit beliebt, war in der Vergangenheit ein Hauptnahrungsmittel vieler Kulturen, die in den Gebirgen des Mittelmeerraums lebten. Die Trockenhäuser (Darren) sind heute noch ein charakteristisches Merkmal dieser Wälder. Auf der afrikanischen Seite des Mittelmeeres hat der Eisenholzbaum (*Argana spinosa*) eine ähnlich große Bedeutung: Er ist ein sehr wichtiger Lieferant für Öl.

Die Kultivierung des Olivenbaums markiert nicht nur die Grenzen der mediterranen Klimazone, sondern liefert der Welt ein Speiseöl, das mit keinem anderen vergleichbar ist. Die Olive ist eine fleischige Steinfrucht, während die Walnuß eine holzige Steinfrucht ist und viel mehr einer Nuß ähnelt.

Die größte Steinfrucht der Welt ist die sogenannte doppelte Kokosnuß der Seychellennußpalme (*Ladoicea maldivica*) von der Insel Praslin, die zu den Seychellen gehört. Ein großes Exemplar kann bis zu 18 Kilogramm wiegen. Sie wurden an den Küsten rund um den Indischen Ozean angeschwemmt, lange bevor die Inselgruppe entdeckt worden war. Das merkwürdigste an der Seychellennuß ist, abgesehen von ihrer Ähnlichkeit mit gewissen weiblichen Körperteilen und der ihr deshalb nachgesagten aphrodisierenden Wirkung, daß sie, obwohl sie vom Meer angeschwemmt wird, nicht an einem sandigen Strand keimen und überleben kann. Denn solange sie keimfähig ist, ist sie schwerer als Wasser, und wenn sie schwimmen kann, ist sie nicht mehr keimfähig. Deshalb blieb die Palme, die diese monströsen Steinfrüchte produziert, unentdeckt und in der Verbreitung auf ihre Heimatinsel beschränkt, bis die ersten Seeleute kamen und den Weltmarkt mit der äußerst angenehmen Frucht überschwemmten.

Bäume, die Gewürze und Heilmittel liefern

Weihrauch (*Boswellia sacra*) und Myrrhen (*Commiphora abyssinica*), beide eng mit der Geschichte der Geburt Christi verknüpft, stammen von Bäumen der Familie *Burseraceae*. Myrrhe kommt aus Somaliland, Weihrauch aus Äthiopien. Beide waren schon 4500 v.Chr. im Gewürzhandel hochgeschätzt.
Über die Jahrhunderte hin haben mehr und mehr Produkte von Bäumen die Export- und Import-Listen bereichert: Zimt (*Cinnamomun*), die Rinde eines Baumes aus Sri Lanka, die Gewürznelke (*Syzygium aromaticum*) aus Sansibar, Muskatnuß (*Myristica fragrans*) von den Molukken, Kampfer aus West-China und Sandelholz aus Indien. Sie und viele mehr standen im zehnten Jahrhundert nach Christus als Heilmittel in Europa reichlich zur Verfügung.
Warum diese Bäume solch aromatische Substanzen produzieren, ist schwer zu sagen. Sicherlich nicht, um unseres Wohlbefindens willen. Diese komplexen chemischen Verbindungen mögen uns als Bestandtteil von Parfüm erfreuen oder einer sonst eintönigen Nahrung Geschmack verleihen, auf Insekten oder andere potentielle Baumschädlinge scheinen sie jedoch sehr abstoßend zu wirken. Gewürzbäume sind deshalb oft sehr widerstandsfähig gegen einige der wichtigsten Schädlinge und sind so ihren weniger duftenden Nachbarn überlegen.
Eine baumartige Wolfsmilch (*Eurphorbia pyrifolia*) von der Insel Mauritius soll einem der seltensten Vögel der Welt Schutz geboten haben, nämlich der sagenumwobenen Rosentaube. Dieser plumpe, aber schmackhafte Vogel wäre durch die Jagd ausgerottet worden, wenn er nicht, so die Legende, sich selbst mit dem giftigen Betäubungsmittel dieses Baumes vollgestopft hätte und dadurch ungenießbar wurde. Der ausgestorbene Dodo, der vielleicht eine riesige Taube war, hatte nicht soviel Glück. Er wurde ein Symbol für die menschliche Dummheit und hinterließ als Erbe den »Dodo nut«-Baum (*Calvaria boutoniania*), dessen Steinfrüchte so hart sind, daß sie vermutlich nur vom langen Schnabel dieses Vogels geknackt werden können. Anders als den Dodo gibt es diesen Baum noch heute auf der Insel, wo inzwischen Truthähne die Funktion des Dodo übernommen haben.
Kokain, ein hervorragendes Narkosemittel aus Südamerika, ist auf der einen Seite ein sehr nützliches Lokalanästhetikum, auf der anderen Seite ein viele Milliarden Dollar schweres Problem, das auf eine Lösung wartet. Wie Duftstoffe oder Gewürze sind die chemischen Substanzen, die wir als Drogen oder Medikamente nutzen, ebenfalls ein Teil der vorbeugenden Maßnahmen, die den Baum vor den Angriffen der Insekten schützt. Kampfer ist ein Beispiel dafür. Er ist in Mottenkugeln enthalten, damit unsere Kleider geschützt sind, und er war im vergangenen Jahrhundert das beste homöopathische Heilmittel für die asiatische Cholera.
Der sicherlich bekannteste der Bäume, die Heilmittel liefern, ist der Chinarindenbaum, aus dessen Rinde man Chinin herstellt. Er wurde von den Medizinmännern in den Anden benutzt, wo er im Überfluß wächst. In Europa kam er als das erste Mittel, das vor Cholera schützte, zu seinem Recht und war außerdem der Beginn der Ära der Gin- und Tonic-Getränke. Chinin könnte noch einmal zu seinem Recht kommen, denn viele der modernen vorbeugenden Mittel verlieren ihre Wirkung. Genauso ist es bei den Weiden, die in ihrer Rinde eine Substanz besitzen, die der modernen Medizin als Modell für Aspirin diente. Nun zeigt sich als zusätzlicher Effekt, daß dieser große Helfer bei Kopfschmerzen, auch wenn er dem Magen nicht gut tut, das Blut von solchen Menschen verdünnen kann, die zu einem Herzinfarkt neigen.
Nach mehr als einem Jahrhundert der Verzagtheit ist die Forschung alter Heilmittel nun wieder in Mode gekommen, sogar was die wichtigsten Heilmittel betrifft. Firmen erforschen die Aufzeichnungen der Vergangenheit und blicken in eine gewinnträchtige Zukunft. Die Extrakte einer Eiche aus Amazonien lassen Proteine gerinnen und geben der Suche nach einem AIDS-Impfstoff Auftrieb. Diese Forschungen schließen auch die Früchte der »Moreton Bay Chestnut« (*Castanospermum australe*) ein, einem australischen Baum, der sowohl in der Stadt als auch auf dem Land angepflanzt wird. In Europa könnte die Eibe, der »Baum des Todes«, den man in vielen Kirchhöfen findet, wo das Vieh nicht an seine tödlich giftigen Blätter kommt, zum Baum des Lebens werden. Es hat sich gezeigt, daß er Substanzen enthält, die bei bestimmten Formen von Eierstock- und Brustkrebs helfen. Es ist kein Wundermit-

tel, aber ein Schritt in die richtige Richtung, um eine Geißel der Menschheit zu besiegen. Bäume sind wunderbare Dinge.

Bäume, die Holz liefern

Alle Bäume produzieren Holz, und ihre Hölzer sind so verschieden wie die Bäume selbst, denn jedes hat sein eigenes charakteristisches Muster. Es gibt große Gefäße und kleine Tracheiden, das sind dünne, dickwandige faserartige Zellen. Einige sind sehr lang im Verhältnis zu ihrer Breite, während andere kurz und untersetzt sind. Doch allen liegt ein bestimmtes Muster zugrunde, das durch den Prozeß der Evolution festgelegt wurde, damit sie ihrer Funktion, dem Transport des Wassers vom Boden zu den Blättern, nachkommen können. Dies tun sie einige Jahre lang, bevor sie dann von speziellen ballonähnlichen Gebilden verstopft werden, die durch die Poren (Tüpfel) in die Zellen hineinwachsen. Sie bekommen dann eine neue Funktion als innere »Müllkippe« des Baumes, wo chemische Nebenprodukte aus den Stoffwechselprozessen dieser lebenden chemischen Fabrik gefahrlos abgelagert werden. Viele dieser Stoffe sind nicht nur für die Lebensvorgänge des Baumes selbst giftig, sondern auch für Pilze und Bakterien, die das Holz verrotten lassen. Das ist von großem Vorteil, weil das dunkle Kernholz nicht länger von den lebenden Zellen versorgt werden kann und deshalb vor Verrottung geschützt sein muß. Die Vielzahl hohler Bäume ist der schlagende Beweis dafür, daß dieser Schutzmechanismus oft zusammenbricht; aber ein gesunder, wachsender Baum besitzt das meist dunklere Kernholz, das dem Holz seine eigene Färbung und Maserung gibt.

Um all das zu vervollständigen: Das Splintholz ist ausreichend mit lebenden Zellen ausgestattet, die um die toten Röhren herum angeordnet sind. Diese sind mit den Reihen oder Platten der lebenden Markstrahlen verbunden, die horizontal im Stamm verlaufen und sie mit dem Phloem verbinden, das Zucker und andere Stoffwechselprodukte sowie giftigen Abfall von den Blättern nach unten und vom Vorratsspeicher in den Wurzeln wieder nach oben transportiert. Das Phloem ist ein Teil des lebenden Bastes, der gleich unter der Rinde liegt. All diese verschiedenen Zelltypen, die für jede Baumart genetisch festgelegt sind, bilden zusammen das Holz.

Und dann kommen Holzfäller, die die Bäume aussuchen und schlagen. Erst dann beginnt sich die Kraft des Baumes und die in ihm versteckte Schönheit zu zeigen. Wenn man ihn längs schneidet, kann ein Baumstamm in Bretter zersägt werden, also Scheibe für Scheibe von oben nach unten. Die Stämme wertvoller Hölzer werden bearbeitet, indem sie gegen eine fest fixierte Klinge gedreht werden. Dadurch erhält man hauchdünne Blätter oder ein Furnier, und so macht man aus wenig viel. Jedes dieser Verfahren offenbart ein anderes Muster der Zellen – die Maserung oder Struktur des Holzes.

Ein Furnier schneidet man immer senkrecht zum Ende der Markstrahlen, es trifft sie in einem sich wiederholenden Muster wie die Enden von Fahrradspeichen, eher noch wie die Enden der Schaufeln eines Schaufelrads. Später, beim Abhobeln, Schleifen und Polieren wird die wahre Maserung des Holzes für alle sichtbar: Geigenkästen, geeignet für eine Stradivari; Walnuß, üppig genug für Möbel im Stil Ludwigs XV.; die klare Schönheit von Birke und Espe für den Zauber der Shaker-Möbel, und Mahagoni für Chippendale- und Hepplewhite-Möbel.

Mahagoni ist vielleicht das begehrteste aller Hölzer, weil es beständig, hart, leicht von Hand oder mit Maschinen zu bearbeiten ist, eine schöne Farbe hat und sich gut polieren läßt. Mahagoni wurde in Europa um 1720 bekannt und begann bald, die einheimischen Hölzer wie Eiche oder Walnuß für den Bau von Möbeln zu verdrängen. Mahagoni von den Karibischen Inseln, wahrscheinlich Haiti, der Dominikanischen Republik und Kuba, bekannt als Spanisches Mahagoni, war früher sehr gefragt, und in bedauerlich kurzer Zeit waren diese Inseln des ganzen Reichtums ihrer Wälder beraubt.

Diese unersättliche Nachfrage wird immer noch gestillt, oft genug durch die unverantwortliche Abholzung der Wälder der Welt. Echtes Mahagoni stammt immer von Arten der Gattung *Swietenia*. Sie sind alle in den Wäldern des tropischen Mittel- und Südamerikas zu Hause, wo es eine Trockenzeit gibt. Sogenanntes Mahagoni wurde auch in vielen anderen Regionen der Welt geschlagen: Gambia-Mahagoni (*Dhaya senegalensis*) aus Afrika, der Sapellibaum (*Entandrophragma cylindricum*), Utile (*Entandro-*

phragma utile), Iroko (*Chlorophora excelsa*), Afrormozia (*Pericopis elata*) aus Westafrika, Ramin (*Gonystylus bancanus*) aus Malaysia und der Dammarbaum (*Shorea*) von den Philippinen. Und die Suche nach neuen Quellen geht immer noch weiter.

Gründe für diese Zerstörung der natürlichen Vegetation gibt es viele. Sie umfassen den Wanderackerbau und das Sammeln von Feuerholz von Millionen verzweifelter armer Menschen ebenso wie die Abholzung und Brandrodung im großen Stil, um Land für den Anbau von Feldfrüchten zu gewinnen. Dazu gehört auch die Produktion von Fleisch von auf der Weide gehaltenen Rindern. Dies geschieht oft, damit hoffnungslos arme Länder ihre internationalen Schulden bezahlen können. Andere Gründe sind das Holzfällen, die Suche nach Erzen, Ölförderung, der Bau von Staudämmen und die Entwicklung der Städte. Obwohl die letztgenannten Gründe Schäden von sehr viel geringerem Ausmaß verursachen, haben alle einen häßlichen Folge-Effekt: Die Straßen, die gebaut werden, um Zugang zum Wald zu bekommen, beschleunigen seine Zerstörung und für die Eingeborenen bedeutet dies den Verlust der Heimat, mit deren Ressourcen sie immer schonend umgegangen sind. Die Folgen sind oft katastrophal, sowohl für diese Kulturen als auch für den Wald, der sie ernährt hat.

Der Ruf der weltweiten Naturschützer-Lobby, diese sinnlose Zerstörung einer solch wichtigen und wertvollen Ressource zu stoppen, konzentriert sich oft auf die Holzfäller und Bergbau-Gesellschaften und fordert das Ende ihrer Aktivitäten. Die Entwicklungsländer argumentieren dagegen, daß es ihnen erlaubt sein sollte, ihre eigenen natürlichen Ressourcen auszubeuten, ohne daß sich die reiche Erste Welt einmischt. Der einflußreiche und informiertere Teil ihrer Lobby fragt, warum sie auf die Kritik und Ratschläge der reichen Länder hören sollten, die den größten Teil, in manchen Fällen alle ihrer eigenen natürlichen Wälder zerstört haben.

Die Wahrheit liegt, wie immer, in der Mitte zwischen diesen zwei extremen Standpunkten. Aber es ist klar, in welche Richtung die Entwicklung gehen müßte. Die verantwortungsvolle Nutzung aller Hartholz-Ressourcen der Welt ist oberstes Gebot und dasselbe gilt für Weichhölzer. Genügend große Reserven von allen natürlichen Wäldern und Wald-Typen, die lebensfähige Populationen von allen Baumarten enthalten, müssen jetzt ausgewiesen werden, und internationales Geld muß gefunden werden, um diese Maßnahmen zu beschleunigen. Diese Gebiete sollten als Biosphärenreservate, als »Erbe der Menschheit« und als Nationalparks verwaltet werden oder auf irgendeine andere Art und Weise, die das Wohlergehen aller eingeborenen Völker sicherstellt.

Diese Reservate sollten von ausgedehnten Waldgebieten mit einheimischen Arten umgeben sein. Sie dienen als Puffer und sollten außerdem so bewirtschaftet werden, daß Holz und andere Holzprodukte auf gangbare Weise produziert werden können. Diese Regionen sollten wiederum die Bedürfnisse der eingeborenen Bevölkerung befriedigen und sie mit Arbeitsplätzen versorgen, wenn sie es wünschen. Plantagen mit besonders schnell wachsenden Arten, einheimischen, wann immer es möglich ist, aber auch exotischen, wenn es keine heimischen Alternativen gibt, sollten auf andere Gebiete beschränkt bleiben. Dort könnten sie wirksame biologische Puffer zwischen landwirtschaftlichen Flächen, Stadt- und Industriegebieten bilden.

Dies kann getan werden und es muß getan werden, denn nur auf diesem Weg können die Forderung nach dem Schutz der Wälder und die Nachfrage nach Holz, das trotz alldem ein immerhin nachwachsender Rohstoff ist, gut miteinander in Einklang gebracht werden.

Europa

Vereinzelte Bäume, kümmerliche Reste von Wäldern und sorgsam verwaltete Forste sind die dahinschwindenden Reste eines Urwaldes, der einst ganz Europa bedeckte. Über Millionen von Hektar erstreckten sich in diesen gemäßigten Breiten Wälder aus Eiche, Haselnuß und Buche. Wo die Lebensbedingungen härter wurden, waren diese Laubwälder von Nadelbäumen durchsetzt und verwandelten sich schließlich an den Hängen der Alpen und im Norden fast ganz in Nadelwälder. Dort, wo es gilt, kalte, dunkle Winter zu überstehen, begannen die borealen Wälder aus Kiefern, Tannen, Fichten und Lärchen.
Tausende von Menschengenerationen haben diese Gebiete genutzt; sie rodeten Bäume, um Ackerbau zu betreiben, um Brenn- und Bauholz zu gewinnen, bis die letzten Erinnerungen an die unermeßliche Weite dieser unzerstörten Wälder der Vergangenheit angehörten. Deren Überreste sowie einzeln stehende Bäume sind Europas geistiger und materieller Schatz; immer noch nützlich, und immer noch eine Quelle für Mythen und Legenden.

◁ *Snowdonia-Nationalpark, Gwynedd, Wales, England*

Jütland, Dänemark

Eng-Tal, Karwendel, Österreich

Schloß Villandry, Loire-Tal, Frankreich

Wald bei Fontainebleau, Frankreich

St.-Andreas-Kirche, Kiew, Ukraine

Zypresse, Umbrien, Italien

Berge in Umbrien, Italien

◁ Schloß Neuschwanstein, Bayern, Deutschland

Stieleiche, Hampshire, England

Stieleiche, New Forest, England

Pappeln, Alphen am Rhein, Niederlande

St. Koloman, Romantische Straße, Deutschland

Karwendel, Österreich

◁ Eng-Tal, Karwendel, Österreich

Kiefer, Bayern, Deutschland

Kiefern, Sheffield-Park, England

Loch Awe, Schottland

Birken und Kiefern, Glen Affric, Schottland

Schauinsland, Schwarzwald, Deutschland

Mischwald, Schwarzwald, Deutschland ▹

Fruchtstände der Eberesche, Vestfold, Norwegen

Fichten-Erlen-Mischwald, Mjøsa-See, Norwegen

Birkenwald, Värmland, Schweden

Buchen und Weißtannen, Schwarzwald, Deutschland

Europäische Lärchen, Graubünden, Schweiz

◁ Eschen, Tal in North Yorkshire, England

Burgruine Hohengeroldseck, Baden-Württemberg, Deutschland

Bergmischwald, Nova Levante, Dolomiten, Italien

Alte Buche, Hinterriß, Österreich

Olivenbaum, Toskana, Italien

Formschnitt, Schloß Fontainebleau, Frankreich

Hecken, Wales

Tal in North Yorkshire, England

Buchen, Cairndow, Loch Fyne, Schottland ▹

Schloß Villandry, Loire-Tal, Frankreich

Zypressen, Toskana, Italien

Fichten, Lärchen und Buchen, Schweiz

Spitzahorn, Vestfold, Norwegen

Asien

Im selben Maß, wie sich Breitengrad und Längengrad, Licht, Feuchtigkeit und Böden über den asiatischen Kontinent hinweg verändern, ändern sich auch seine Wälder. Die Taiga im Norden macht den laubabwerfenden Wäldern Platz und diese wiederum den tropischen Wäldern, wo der Kontinent im Süden bis an den Äquator reicht. Viele Völker Asiens sprechen in der wechselhaften Geschichte ihrer alten Kulturen bestimmten Bäumen spezielle Eigenschaften zu. In China und Japan, wo die Dichtung gemäß der Tradition den Ausgleich zwischen Mensch und Natur betont, waren Bäume immer Symbole für Frieden und Einsamkeit.
Trotz der verschiedensten Religionen in ganz Asien, die Bäume, deren Kraft und deren Nutzen verehren, gehen die Wälder weiterhin zurück, und zwar im gleichen Maß, wie der Bedarf der Menschen mit der immer weiterwachsenden Bevölkerung steigt.

◁ *Ahorn, Nord-Honshu, Japan*

Towada-Hachimantai-Nationalpark, Japan

Ahorn, Hirosaki, Japan

Rokuon-ji-Garten, Kyoto, Japan

Oirase-Tal, Honshu, Japan

Trauerweiden, Xi-Hu-See, Hangzchou, China

Nördliches Honshu, Japan

Trauerweiden, Xi-Hu-See, Hangzchou, China

◁ Teeplantagen, Cameron Highlands, Malaysia

Platanen, Hangzchou, China

Japanische Schwarzkiefer, Yamadera, Japan

Huangshan, China

Felswand mit Kiefern, Huangshan, China

Banyanbaum, Singapur

Yamadera, Japan

Oirasegawa-Fluß, Honshu, Japan ▷

Ginkakuji-Tempel, Kyoto, Japan

Oirase-Tal, Honshu, Japan

Ginkgo, Hirosaki, Japan

Burmesischer Banyanbaum, Botanischer Garten, Singapur

Kokospalmen und Haus am Fluß, Malaysia

Bambus, Kyoto, Japan

Afrika

Das Zentrum des alten Afrika, der Geburtsstätte der Menschheit, liegt unter tropischer Sonne. Verglichen mit anderen Kontinenten hat Afrika sich im Laufe der geologischer Zeiträume am wenigsten verändert, über Hunderte von Millionen Jahren blieb es in seiner Entwicklung isoliert. Die Nähe und Intensität der Sonne prägte die Entstehung der Wüsten, der tropischen Regenwälder und der sich ausbreitenden Savannen – die drei Lebensräume, die diesem Kontinent sein Gesicht geben.

Ob es Bäume gibt und in welchem Ausmaß regulieren die Regenfälle. Wo es häufig regnet, gedeihen üppige Wälder. Wo es Trockenzeiten gibt und es über das Jahr hin nur wenig regnet, entstehen Savannen. Dort sind die Bäume einzeln über das Land verstreut und spenden nur wenig Schatten. In diesen Ebenen entstehen Wälder dort, wo Bäume mit ihren Wurzeln Wasser aus Flüssen aufnehmen können oder wo angrenzende Bergketten die Regenwolken abfangen und dadurch etwas mehr Regen vom Himmel fällt. Wo Regen fehlt, entstehen Wüsten. Dort, im trockenen Erdreich und Sand, unter der bleiernen Hitze und brennenden Sonne, müssen Bäume bemerkenswerte Anpassungen leisten, um dies alles zu überleben. In den extremen Wüsten schließlich verschwinden die Bäume.

Tiere und Menschen teilen sich diese Landschaften, und die Bäume sind einbezogen in ein komplexes Netz des Lebens und der gegenseitigen Abhängigkeit, das sich über Jahrtausende hinweg unter der afrikanischen Sonne entwickelt hat.

◁ *Protea-Bäume, Drakensberge, Südafrika*

Fieberakazie, Kenia

Victoriafälle, Zimbabwe

Schlucht des Sambesi-Flusses, Sambia

Fieberakazien, Ndumu-Reservat, Südafrika

Schirmakazien, Natal, Südafrika

Kiefern, Fynbos-Landschaft, Kapprovinz, Südafrika ▷

Akazien, Namib-Wüste, Namibia

Marula-Bäume, nördliches Transvaal, Südafrika

Akazien, Namib-Wüste, Namibia

Bambus, Bulawayo, Zimbabwe

Baobab (Affenbrotbaum), Messina, Südafrika

Eselsfeige, Swasiland

Akazie, Savanne, Kenia

Maulbeerfeigenbaum, Transvaal, Südafrika

Ein Feigenbaum umschlingt einen Natal-Mahagony-Baum, Ndumu, Südafrika

◁ Baobab (Affenbrotbaum), Zimbabwe

»Halbmensch«, Hester-Malan-Naturreservat, Südafrika

Silberbaum, Botanische Gärten Kirstenbosch, Kapstadt, Südafrika

Drachenbaum, Kenia

Akazie mit Nestern von Webervögeln, Namibia

Palmfarn, Zuurberg-Nationalpark, Südafrika

Drachenbaum-Aloe, Kokerboom Forest, Namibia

Südamerika

Im Erdmittelalter, der Ära der Dinosaurier, war Südamerika (zusammen mit Afrika, Indien, Australien, Neuseeland und der Antarktis) Teil des gewaltigen Südkontinents Gondwana. Dort entwickelten sich frühe Formen von Nadelbäumen, Vögeln und Säugetieren und breiteten sich über die gesamte Landmasse aus. Dann zerbrach Gondwana, und die einzelnen Kontinente drifteten auseinander und trugen die alte südliche Flora und Fauna mit sich, isoliert von anderen Regionen. Das Erbe dieses südlichen Kontinents wirft noch immer einen Schatten auf die Wälder Südamerikas mit ihren Südbuchen, Araukarien und anderen urtümlichen Nadelgehölzen.

Als vor 15 Millionen Jahren die Anden entlang der Westküste von Südamerika entstanden, wurde der Kontinent grundlegend neu gestaltet. Das Amazonasbecken mit seinen gewaltigen Flüssen entstand und wurde vom Reichtum der tropischen Regenwälder bedeckt. Die ersten Menschen in Südamerika, die Indianer, erschlossen sich die Geheimnisse dieses Landes, um Nahrung, Medizin sowie Baumaterial zu finden, und sie entwickelten auch Legenden. So machten sie den Wald zu ihrem Zuhause.

◁ *Conquillio-See, Conquillio-Nationalpark, Chile*

Buchenwald, region de los lagos, Chile

Conquillio-Nationalpark, Chile

Gelbholz-Stamm, Amazonasbecken, Peru

Araukarien, Vulkan Llaima, Chile

Buchen, region de los lagos, Chile

◁ Buchen, region de los lagos, Chile

Barttillandsien auf Stämmen von Araukarien, Chile

Araukarien, Vulkan Lonquimay, Chile

Unwetter, Tambopata-Wildreservat, Peru

◁ Kapokbaum, Manu-Biosphärenreservat, Peru

Baumstamm, Amazonasbecken, Peru

Blatt mit Träufelspitzen, Amazonasbecken, Peru

Nordamerika

Das Herz des nordamerikanischen Kontinents ist zum einen die Prärie – Grasland mit nur wenigen oder gar keinen Bäumen, das bis zum Horizont reicht – , zum anderen Halbwüsten, wo vereinzelte Bäume ganze Jahreszeiten lang auf Niederschlag warten müssen. Erst wo das schattenlose Land im Norden an die boreale Region reicht, oder im Westen und Osten, wo Pazifik und Atlantik, die an die Küsten branden, das Klima mäßigen, beginnen richtige Wälder. Im milden und ständig feuchten Klima des pazifischen Nordwesten gedeihen verschiedene Wälder aus unglaublich hohen Koniferen, die oft in einem tiefen, angeschwemmten Boden wurzeln. Auf den Hügeln und Bergen der atlantischen Küstenregionen dominieren die Wälder der gemäßigten Breiten und tauchen im Herbst das Land mit ihrem sich verfärbenden Laub in flammendes Rot. Über die nördlichen Gebiete des Kontinents ziehen sich in einem Bogen die borealen Wälder. Die Kronen der gewaltigen Nadelbäume bieten Lebewesen einen letzten Zufluchtsort, bevor die Region des eisigen Dauerfrosts der Arktis sich anschließt.

Der wilde Charakter dieser Wälder hat bei Generationen von Nordamerikanern – sowohl Indianern wie auch späteren Naturschützern – Inspiration, Bewunderung und eine engagierte Verpflichtung zu ihrem Schutz hervorgerufen. Die Idee der Nationalparks wurde in den Vereinigten Staaten geboren und engagierte Bürgerinitiativen fahren weiterhin fort, die Wälder zu verteidigen.

◁ *Zion-Nationalpark, Utah, USA*

Südliches Quebec, Kanada

Vermont, USA

Ahorn, Maine, USA

Espen, Nevada, USA

Mammutbaum, Yosemite-Nationalpark, Kalifornien, USA

Küstensequoien, Kalifornien, USA

Zion Canyon, Zion-Nationalpark, Utah, USA

Grand Canyon, Arizona, USA

Sumpfzypressen, Atchafalaya-Becken, Louisiana, USA

Sumpfzypressen, Atchafalaya-Becken, Louisiana, USA

Vermont, USA

◁ Virginianische Eiche, Jefferson-Insel, Louisiana, USA

Grand Canyon, Arizona, USA

Nußkiefer, Grand Canyon, Arizona, USA

Great-Basin-Nationalpark, Nevada, USA

Borstenkiefer, Wheeler Peak, Nevada, USA ▹

Zion-Nationalpark, USA

Josuabaum, Mojave-Wüste, Kalifornien, USA

»Smugglers Notch«, Vermont, USA

Küstensequoie, Kalifornien, USA

Zion-Nationalpark, Utah, USA

Goldkiefer, Zion-Nationalpark, Utah, USA

Monterey-Zypresse, Pint Lobos, Kalifornien, USA

◃ Erle, Vermont, USA

Quebec, Kanada

Central Park, New York, USA

Ozeanien

Die bewaldeten Inseln Ozeaniens liegen in der südlichen Hemisphäre über die Weite des größten Ozeans der Erde zerstreut. Nahe der tropischen Meere entstanden sie auf den Rücken von Vulkanen und Riffen oder sie brachen von alten Kontinenten ab und drifteten davon. Die Evolution sowie die jahrtausendelange Isolation ließen Formen von Pflanzen und Tieren auf den Pazifischen Inseln und auf dem benachbarten Kontinent Australien entstehen, die nur dort vorkommen. Man nennt solche Arten »endemisch«. Der Kontinent der roten Wüste mit seinem Regenwaldgürtel im Norden ist der Entstehungsort einer ganzen Anzahl von Baum-Familien.

Auf ihren Streifzügen erreichten Menschen die Wälder dieser Region. Melanesier und Mikronesier waren die ersten Siedler im pazifischen Raum. Ihre Sagen von den Wäldern und die Namen, die sie den Bäumen gaben, wiederholen sich über die gesamte Region und zeugen von den gemeinsamen Wurzeln und Entdeckungspfaden quer über den Pazifischen Ozean.

Wie überall begann mit der Ankunft des Menschen die Zerstörung des Waldes. Die kleinen und isolierten Insel-Nationen bekamen die Folgen der Zerstörung der Natur jedoch schnell zu spüren. Aus ihren Erfahrungen sollten wir lernen, daß die Erde ebenfalls eine Art Insel ist, und wir keine zweite haben, auf die wir fliehen könnten.

◁ *Steineibenwald, Westküste, Neuseeland*

Kanuka, Kap Farewell, Neuseeland

Schnee-Eukalyptus, Snowy Mountains, Australien

Kokospalmen, Tahiti

Brettwurzeln der Tahitikastanie, Tahiti

Südbuchen im Winter, Marlborough, Neuseeland

Neuseeländischer Eisenholzbaum, East Cape, Neuseeland ▷

Blühende »Cootamundra Wattle«, New South Wales, Australien

»Brittle Gum«, Botanische Gärten Canberra, Australien

Oparara-Fluß, Westküste, Neuseeland

Eisenholzbaum, Te-Anau-See, Neuseeland

Kokospalmen, Fiji

Roter Jasminbaum, Tahiti

Anmerkungen des Fotografen

unter Mitarbeit von Annette Lees

EUROPA

S. 26 Jütland, Dänemark.
Bäume, die auf diesem kargen, flachen Land wachsen, müssen den bitterkalten und mit Salz gesättigten Winden der Nord- und Ostsee trotzen.

S. 27 Eng-Tal, Karwendel, Österreich.
Wo die Felder aufhören, beginnen die dunklen Wälder. In der Folklore von ganz Europa und Großbritannien war das Betreten des Waldes gleichbedeutend mit dem Betreten des Reichs der Baumgeister, der verborgenen Gefahren und des umherspukenden Unbekannten. Abgesehen von dem Risiko, auf Wölfe und andere wilde Tiere zu treffen, die einst in den großen Wäldern lebten, gab es die unwahrscheinliche, aber trotzdem beängstigende Möglichkeit, dem Volk der Feen zu begegnen. Eine Unmenge Rituale wurden entwickelt, um die Baumgeister und andere legendäre Bewohner des Waldes zu beschwichtigen, die Reisenden oder Holzfällern andernfalls den Tod bringen würden. Der Schutz gegen die Waldgeister war in ganz Europa gleich: Man trug seine Kleider verkehrt herum und die Schuhe am jeweils falschen Fuß.

S. 29 Der Wald von Fontainebleau, Frankreich.
Mit seinen 500 Quadratkilometern ist der Wald von Fontainebleau ein Überbleibsel der alten Wälder Frankreichs. Er liegt in der Nähe von Paris und war der bevorzugte Jagdgrund der französischen Herrscher, angefangen bei Ludwig XIII. bis hin zu Napoleon III. Seit 1800 wird der Wald von geometrisch angelegten Wegen durchzogen, die den Besucher über große Boulevards, Straßen und Kreuzungen führen, über die sich Eichen, Buchen und Kiefern neigen – den häufigsten Bäumen von Fontainebleau. Die Anziehungskraft des Waldes von Fontainebleau mit seinem vom Blätterdach gefilterten Licht und der friedlichen Anmut hat Tradition bei französischen Malern: Rousseau, Millet, Monet, Renoir und viele andere haben den Wald besucht, um sich inspirieren zu lassen.

S. 31 Zypresse, Umbrien, Italien.
Die dunkelgrünen Wipfel der Immergrünen Zypresse (*Cupressus sempervirens*), die überall in Südosteuropa und im westlichen Asien beheimatet ist, sind ein Symbol für das Zentrum von Italien. Mit ihrer die Feuchtigkeit haltenden Form, die an einen zusammengeklappten Regenschirm erinnert, und mit den kleinen, schuppenartigen Blättern sind diese Bäume perfekt an die heißen, trockenen Sommer und milden, feuchten Winter dieser Region angepaßt. Die Römer schätzten das harte Holz der Zypressen und nutzten es zum Bau von Häusern, Tempeln und seetüchtigen Galeeren. Wegen des duftenden Öls, das das Holz enthält, werden Zypressen oft für Kleiderschränke verwendet.

S. 32 Schloß Neuschwanstein, Bayern, Deutschland.
Das Schloß, das zu der romantischen und geheimnisvollen Stimmung der natürlichen Wälder Bayerns passen sollte, wurde von dem Architekten Reidel für König Ludwig II. von Bayern entworfen. In seinen steinernen Türmen konnte sich der König in eine mittelalterliche Märchenwelt inmitten der bewaldeten Berge flüchten. Ludwig II. war eng mit Richard Wagner befreundet und unterstützte den Komponisten sowohl materiell als auch mit Anregungen. Wagners Opern wiederum ließen Ludwigs eigene Traumwelt Wirklichkeit werden. Die architektonischen Fantasien des Königs brachten die Regierung von Bayern an den Rand des Bankrotts, bis schließlich eine Ärzte-Kommission sich verschwörte, um die Geisteskrankheit Ludwigs II. nachzuweisen und er gezwungen wurde, auf den Thron zu verzichten. Seine Schlösser blieben, ein Symbol für die verwunschenen Träume, zu denen ihn die waldbedeckten Bergen Süddeutschlands inspirierten.

S. 34 Stieleiche, Hampshire, England.
In England wird die Eiche besonders geschätzt. In der Geschichte verehrte man sie wegen ihrer schützenden Schönheit und ihres harten Holzes. Die Druiden der britischen Kelten glaubten, daß die Eiche heilig sei und benutzten für ihre heiligen Riten Misteln von den Ästen der Eiche. Der britische Thron war ebenso aus Eichenholz wie die Schiffe der Flotten, die in den Krieg oder zu Entdeckungsreisen über die Ozeane geschickt wurden. 700 große Eichen waren für den Bau eines einzigen Schiffes nötig. Unter Elisabeth I. nahm das Abholzen der Eichen so zu, daß Gesetze zu ihrem Schutz erlassen wurden.
Heute sind Eichen ein Hauptbestandteil der Wälder in tiefer gelegenen Gegenden sowie an den niedrigen Hängen vieler Berge im Norden und Westen. Die Eiche ist und bleibt das charakteristische Merkmal für die klassische englische Landschaft.

S. 35 Stieleiche, New Forest, England.
Dryaden waren weibliche Baumgeister in der griechischen Mythologie, die in Eichen lebten. Die Dryaden waren mit dem hölzernen Herzen ihres Wirts so eng verbunden, daß sie starben, wenn ein Baum gefällt wurde.

S. 38 Eng-Tal, Karwendel, Östereich.
Unter der Schneedecke ist das Wasser im Boden gefroren und die Bäume können kein Wasser aufnehmen, um die durch die Transpiration verlorengegangene Flüssigkeit zu ersetzen. Über der Erde fegt der Wind mit unbarmherziger Strenge über das Land. Die Bäume haben zwei verschiedene Wege entwickelt, um mit den schwierigen Bedingungen im Winter zurechtzukommen. Die immergrünen Weichhölzer haben ihre schmalen Nadeln mit einer Wachsschicht überzogen und mit Harzen imprägniert, um den Wasserverlust in wasserarmen Zeiten so gering wie möglich zu halten. Sie können den Winter überstehen und ihre dunkelgrünen Nadeln behalten. Ihre schlanke, kegelförmige Gestalt trotzt Sturm und Wind.
Aber wenn der Laubbaum in der Mitte des Bildes seine nur von einer dünnen Haut geschützten, breiten Blätter über den Winter behalten würde, müßte er vertrocknen. Ihm würde durch die Transpiration der Blätter Feuchtigkeit entzogen, die er nicht mehr ersetzen könnte. Durch die Wucht der Winterstürme würden die Äste brechen, trügen sie die Last der Blätter. Deshalb werfen Laubgehölze im Herbst ihre Blätter ab, und der Wind zerrt nur an den leeren Ästen.
Beide Anpassungen an den Winter sind in den gemäßigten Breiten Europas erfolgreich.

S. 41 Kiefern, Sheffield Park, England.
Das Rubinrot des Sonnenuntergangs wird durch die verschmutzte Luft über einer Stadt noch intensiver. Schwefeldioxid aus Industrieabgasen erzeugt sauren Regen, der vielleicht die Wälder Europas zerstören wird, wenn ihm nicht Einhalt geboten wird. Schadstoffe aus der Luft, die vom Regen auf die Erde gebracht werden, führen dazu, daß die Vielfalt der Flechten, die auf Stadtbäumen wachsen, zurückgeht.

S. 43 Birken und Kiefern , Glen Affric, Schottland.
Glen Affric ist einer der letzten Standorte des ursprünglichen Urwaldes von Schottland. Typisch für den Wald des Hochlands sind die Gemeinen Kiefern und Birken, die beiden häufigsten Bäume in Glen Affric. In frühgeschichtlicher Zeit war der größte Teil des östlichen und mittleren schottischen Hochlands von einem solchen Wald bedeckt, aber zur Zeit der ersten Aufzeichnungen war er schon selten. Ackerbau sowie die Nutzung als Weideland fressen die Wälder auf. Heute ist ein großer Teil dieses Landes von purem Torf bedeckt, wahrscheinlich als Folge der Waldzerstörung. Trotz der geringen Größe der verbliebenen kaledonischen Wälder sind sie nicht ganz vor weiterer Zerstörung geschützt. Einige sind noch immer durch Überweidung bedroht oder durch die Anpflanzung nicht einheimischer Nadelbäume.

S. 45 Mischwald, Schwarzwald, Baden-Württemberg, Deutschland.
29 Prozent der Fläche von Deutschland sind von Wald bedeckt. Die Zusammensetzung der Arten ist in vielen dieser Wälder nicht natürlich. Er wird für die Produktion wertvoller Holzarten, vor allem der Fichte, genutzt. In vielen Gegenden könnte die Fichte nicht unter ihrer eigenen Krone heranwachsen. Überließe man den Wald der Natur, würde sich die Artenzusammensetzung nach und nach ändern. Buchensetzlinge, die Schatten besser vertragen, würden unter den Fichten heranwachsen, vielleicht sogar größer werden als diese und die Fichte zurückdrängen. In einem Forst beseitigen Förster die Buchen und fördern die Wiederaufforstung der Fichte. Heute hat der ursprüngliche Wald von Süddeutschland nur in extra geschaffenen Reservaten überlebt.

S. 46 Fruchtstände der Eberesche, Vestfold, Norwegen.
Ebereschen gehören zur Familie der Rosen und sind in Europa sowie in Teilen von Asien und Nordafrika weit verbreitet. Aufgrund ihrer steil aufragenden Äste, ihrer feingliedrigen Blätter oder der Masse an auffälligen roten Beeren wurden sie mit den Hexen der alten Zeit in Verbindung gebracht. Ebereschen wurden oft vor Häusern oder in Kirchhöfen gepflanzt, um Hexen abzuwehren.

S. 47 Fichten-Erlen-Mischwald, Mjøsa-See, Norwegen.
Die Wälder Skandinaviens sind ein Teil der Taiga – ein Waldgürtel der hohen Breiten, der sich ohne Unterbrechung über die Kontinente Eurasien und Nordamerika erstreckt. In ihm dominieren Nadelbäume: verschiedene Fichtenarten, Kiefern, Tannen und Lärchen. Die Artenzusammensetzung ändert sich von Land zu Land und je nach den meist nur wenig differierenden Standortbedingungen. Doch alle Arten sind in ihrer Fähigkeit, den langen, bitterkalten Winter des hohen Nordens zu überleben, nicht zu übertreffen.

S. 48 Birkenwald, Värmland, Schweden.
Die Birke ist eine kurzlebige Pionierart, die den Boden für den Wald vorbereitet, der nach einer Störung zurückkehrt. Damit war die Birke der erste bekannte Baum, der auftauchte, nachdem sich die Gletscher zurückzogen und das Inlandeis am Ende der Eiszeit in Europa zu schmelzen begann. Vor etwa 10 000 bis 5000 Jahren dominierten die Birken eine Zeit lang so sehr die Landschaft, daß diese Jahrtausende oft als »Birken-Zeitalter« bezeichnet werden. Die Birken sind ein natürliches Symbol für die Wiederherstellung, und diese Rolle spiegelt sich in der Verehrung des Baumes durch die keltischen und germanischen Stämme wider. Ihnen war die Birke heilig, sie besaß Kräfte der Erneuerung und Reinigung.
In den Birkenwäldern der nacheiszeitlichen Periode nutzten die ersten Siedler viele Teile dieses Baums. Seine Rinde wurde geschält und wie feines Leder zu Kleidung verarbeitet oder für Kanus benutzt; das Kambium wurde als Grundlage für Brot genommen und der vergorene Saft, um Met herzustellen; sein Harz hielt Speere zusammen und seine Rinde diente zum Dachdecken. Und in seinem lichten Schatten konnte ein neuer Wald heranwachsen.

S. 49 Buchen und Weißtannen, Schwarzwald, Deutschland.
Während der langen, warmen Sommertage müssen Laubbäume das Sonnenlicht maximal nutzen, denn bald werfen sie mit dem Wechsel der Jahreszeiten ihre Blätter ab. Wenn der Baum im Blattstiel Korkschichten ablagert und den Saftstrom unterbricht, verfärben sich die Blätter, sterben ab und fallen zu Boden. Gelbe, rote und purpurfarbene Pigmente kommen wieder zum Vorschein, wenn die Vorratsstoffe aus dem Blatt im Baum gespeichert werden, und dann glüht ein Laubwald in den Farben des Herbstes.

S. 51 Europäische Lärchen, Graubünden, Schweiz.
Die Lärche gehört zu einer kleinen Familie von Nadelbäumen, die man überall im Norden findet. Lärchen gehören zu den wenigen Nadelhölzern, die ihre Nadeln im Winter verlieren. So widerstehen sie Blizzards und Lawinen, und man findet Lärchen noch an den höchsten Hängen der Alpen. Anders als bei den übrigen Nadelbäumen müssen ihre nadelähnlichen Blätter, die für ihre Weichheit bekannt sind, nur einen einzigen Sommer überleben.

S. 53 Bergmischwald, Nova Levante, Dolomiten, Italien.
Die Dolomiten liegen im östlichen Teil der nördlichen italienischen Alpen. Sie bestehen aus Dolomit-Gestein und sind durch die Erosion tief zerfurcht zu steilen Felsen, Schluchten, und Felsnadeln. Auf vielen der nicht von Geröll bedeckten Hänge findet man kleine Waldflecken.

S. 54 Alte Buche, Hinterriß, Österreich.
Alte, charakteristische Bäume wie manche Buchen sind der Ursprung der Mythen von »lebensspendenden« Bäumen wie beispielsweise Yggdrasill, dem Weltenbaum nordisch-germanischen Ursprungs. Yggdrasill war eine große Esche. Eine ihrer drei Wurzeln reichte in die Quelle des Schicksals, die zweite in die Quelle der Weisheit, die dritte in die Quelle aller Flüsse und in das Land des Todes. Von ihren Zweigen, die Himmel und Erde verbanden, fiel der Tau.
In einer zweiten Sage skandinavischen Ursprungs stammen Männer von einer Esche und Frauen von einer Ulme ab. Odin und seine Brüder gaben den zwei Bäumen Seelen und Leben, die Fähigkeit und den Willen, sich zu bewegen, dann Gesichter, Sprache, Sehvermögen und Gehör. Die Menschheit stammt von diesen zwei Bäumen ab.

S. 55 Olivenbaum, Toscana, Italien.
Die Olive stammt aus Kleinasien und Syrien; sie wird seit frühgeschichtlicher Zeit kultiviert. Dank ihres langsamen Wachstums und des hohen Alters, das sie erreicht (zwischen 1000 und 1500 Jahren), gilt sie – was kaum eine Überraschung ist – als ein Symbol des Friedens.

S. 56 links Hecken, Wales.
Die Zusammensetzung einer Hecke kann die ganze Geschichte ihrer Nutzung und ihrer Entwicklung offenbaren. Allgemein gilt: Je älter eine Hecke ist, um so größer ist ihr Artenreichtum. In den verschiedenen Epochen der Geschichte haben die Menschen immer wieder verschiedene Pflanzen für Hecken bevorzugt. Eine alte Hecke besteht oft aus riesigen Bäumen des Unterholzes; Hecken der Tudor-Zeit erkennt man an Ahorn und Hartriegel; Hecken der Vor-Tudor-Zeit bestehen hauptsächlich aus Haselnuß und Pfaffenhütchen; und in Hecken, die nach 1800 gepflanzt wurden, ist Weißdorn häu-

fig. Einzelne Bäume sind oft auffällig durch besondere Merkmale – sie tragen riesige Mengen von Flechten, besitzen einen korkigen Stamm, tragen ungewöhnlich leuchtende Beeren, Auswüchse oder Epiphyten (Aufsitzerpflanzen). Der Zwang nach immer größerer Effizienz in der Landwirtschaft führte dazu, daß viele alte Hecken gerodet wurden, obwohl sie immer häufiger verteidigt werden – wegen ihres Artenreichtums und weil sie ein Stück lebende Geschichte sind.

S. 56 oben Formschnitt, Schloß Fontainebleau, Frankreich.
Schloß Fontainebleau ist eine der größten Residenzen, die von den französischen Königen erbaut wurde.

S. 57 Buchen, Cairndow, Loch Fyne, Schottland.
Aufgrund ihrer stattlichen Form, den kräftigen, silberfarbenen Ästen und dem tiefen Schatten, den sie spendet, wird die Buche manchmal die Königin des Waldes genannt. Sie ist ursprünglich nicht in Schottland heimisch (oder sonstwo nördlich von Mittelengland), aber sie wurde dort fast überall angepflanzt.
Buchen ertragen etwas härtere Lebensbedingungen als Eichen, und im Süden dominieren sie in den Wäldern des kalkhaltigen Hochlands. Eine einzige Buche kann 200 verschiedene Arten von wirbellosen Tieren beherbergen.

S. 58 Schloß Villandry, Loire-Tal, Frankreich.
Formschnitt, also die Kunst, Bäume in ornamentale Formen zu schneiden, soll von einem Freund des römischen Kaisers Augustus erfunden worden sein. Man weiß, daß er bereits im 1. Jahrhundert v. Chr. praktiziert wurde. Ihren Höhepunkt hatte diese Mode im späten 17. und frühen 18. Jahrhundert, sie verschwand jedoch, als natürliche Gärten mehr Interesse fanden. Immergrüne Bäume mit dicken Blättern wie Zypresse, Eibe und Buchs eignen sich für den Formschnitt am besten.

S. 60 Fichten, Lärchen und Buchen, Schweiz.
In der Schweiz wird diese charakteristische Waldlandschaft durch eine Verordnung geschützt, die verhindert, daß private Landbesitzer zu viele Bäume zum selben Zeitpunkt fällen.

S. 61 Spitzahorn, Vestfold, Norwegen.
Der Spitzahorn (*Acer platanoides*) ist eine von 15 Ahornarten, die in den europäischen Wäldern heimisch sind. Er ist der robusteste der europäischen Ahornarten und gut an das Leben in den nördlichen Wäldern seiner skandinavischen Heimat angepaßt.

ASIEN

S. 64 Towada-Hachimantai-Nationalpark, Japan.
Das vulkanische Bergland und Plateau im Nordteil der Insel Honshu wurde lange Zeit als abgelegenes und an die Wildnis verlorenes Gebiet betrachtet. Im frühen Mittelalter wurden adlige Rebellen und ausgewiesene politische Reformer dorthin verbannt, um durch die Kiefern- und Buchenwälder zu ziehen oder in den Bauerndörfern zu siedeln. Später stellte diese Bergregion eine natürliche Grenze zwischen den Lehen zweier bedeutender Shoguns (jap. Oberbefehlshaber) dar.
Um 83 000 Hektar des Waldes zu schützen, wurde die Region 1936 zum Nationalpark erklärt, eines der zwölf ursprünglichen natürlichen Gebiete Japans, die als schützenswert deklariert wurden. Die Gründung von Nationalparks entspringt der uralten Tradition der Naturverehrung in einem Land, in dem die Blüte eines Baumes für ein Ereignis gehalten wird, das es wert ist, zum Nationalfeiertag erklärt zu werden.

S. 65 Ahorn, Hirosaki, Japan.
Die leuchtenden Farben des Herbstlaubes wurden im alten Japan durch das »momijigari«, dem »Jagen des Herbstlaubes« gefeiert. Der Adel hielt im Wald Picknicks ab, bei denen man die Herbstfarben der Natur hinter zeitweilig aufgestellten Sichtblenden aus eleganten Seidenbrokatstoffen betrachtete. Der flüchtige Blick auf die große natürliche Schönheit sollte göttliche Offenbarung enthalten und Dichtung und Meditation inspirieren.

S. 66 Rokuon-ji-Garten, Kyoto, Japan.
Ein wichtiges Element der japanischen Gartenkunst ist »shakkei«, das bedeutet in der Literatur eine »geborgte Landschaft«. Ein entfernter bewaldeter Berg oder ein spezieller Ausblick kann in die Gestaltung eines Gartens einbezogen werden durch das sorgsame Plazieren eines bestimmten Felsens oder Baums, oder indem man sich einen Ausblick gezielt schafft, indem man Hecken pflanzte oder Mauern baute. Eine »geborgte Landschaft« galt als gelungen, wenn sie lebendig war: wenn entfernte Berge, Felsen oder Wasser in den Ausblick des Gartens mit ihrem ganzen lebendigen Wesen integriert sind. Einen Garten mit einem lediglich spektakulären Ausblick zu haben, bedeutet nicht, diesen Ausblick »eingefangen« zu haben. Das lebendige Einfangen einer »geborgten Landschaft« braucht die Geduld und Sensibilität eines Gartenmeisters, der bereit ist, darauf zu hören, was die Bäume und Steine und der Garten selbst zu sagen haben.

S. 67 Oirase-Tal, Honshu, Japan.
Zwar sind rund 60 Prozent Japans bewaldet, doch viel davon wird unter forstwirtschaftlichen Gesichtspunkten zur Holzproduktion genutzt, was wertvolle Nadelhölzer begünstigt.Überbleibsel des ursprünglichen Waldes kann man in Parks und rund um Tempel sehen, wo Bäume als heilig betrachtet und geschützt werden. Große Teile Japans von Südwest-Hokkaido bis zum nördlichen Honshu waren mit dem Wald der gemäßigten Zone bedeckt, der etwa 168 verschiedene Baumarten enthält (im Vergleich dazu: in allen europäischen Wäldern gibt es zusammen nur 85 Arten). In diesen Wäldern herrschen Eichen, Buchen, Eschen, Hainbuche, Ahorn, Pappeln, Ulmen, Erlen, Magnolien, Aralien und Japanische Kirsche vor. Das höhere Bergland ist von einem dichten Kiefern- und Tannenwald bedeckt.

S. 68 Teeplantagen, Cameron Highlands, Malaysia.
Tee gehört zur Gattung *Camellia* aus der Familie der Teebaumgewächse (Theaceae). Die für den Handel wertvollsten Arten sind in Nordindien und China beheimatet. Tee wurde viele Jahrhunderte lang in China als Medizin getrunken, bei gesellschaftlichen Anlässen und einfach zur Freude. Aufgrund seiner wirksamen Alkaloide, des Koffeins und des einzigartigen Geschmacks erhielt dieser Strauch in Kulturen überall auf der Welt einen geweihten Platz.

S. 69 oben links und rechts Trauerweiden, Xi- Hu-See, Hangzchou, China.
Trauerweiden sind in China zu Hause, obwohl verwandte Arten über die ganze Welt verbreitet sind. Die Weide ist in China ein Symbol für Zerbrechlichkeit und für sinnliche Begierde. Am fünften Tag des fünften Monats werden Zweige mit Weidenblättern über die Türen der Häuser gehängt, um Unglück abzuhalten. Das Datum erinnert an den Jahrestag eines Massakers, bei dem Familien von Soldaten niedergemetzelt wurden, mit Ausnahme einiger bevorzugter, die einen Weidenzweig an ihre Tür gehängt hatten.

S. 73 Bergkiefer, Huangshan, China.
Durch die geologischen Auffaltungen der Erdkruste entstanden die schroffen Granitfelsen von Huangshan. Die Kiefern (*Pinus mugo*) wachsen hoch oben in den Bergen auf unglaublich schmalen Felsvorsprüngen.Jahrhundertelang haben Dichter und Maler Huangshan besucht und sich von dem Nebeneinander von steil abstürzenden Felsen und bizarren Bäumen inspirieren lassen.

S. 74 links Banyanbaum, Singapur.
Ein Banyanbaum (*Ficus benjamini*) beginnt sein Leben als ein Keimling, der von einem Vogel oder Affen in die sonnige Krone eines Laubbaums verschleppt wird. So vermeidet er den Kampf um das Licht, den er als Keimling am dunklen Boden des tropischen Waldes führen müßte. Die Feige läßt Luftwurzeln am Stamm ihres Wirts herunterwachsen, die dicker werden und aufeinandertreffen, miteinander verwachsen und den Baum bald mit einer tödlichen Umklammerung umschlingen. Erst wenn seine Wurzeln den Waldboden erreicht haben, kann der Banyanbaum ein eigenes Wurzelsystem im Boden entwickeln. Der Wirtsbaum wird langsam erstickt und vom Licht abgeschnitten, bis er schließlich, umschlossen vom Holz des Banyanbaumes, stirbt. Überall in den Tropen haben den Wald bewohnende Menschen die Knochen ihrer Vorfahren und andere Schätze in den hohlen Stämmen der Banyanbäume versteckt.

S. 75 Oirasegawa-Fluß, Honshu, Japan.
Die ursprüngliche animistische Religion des Shinto in Japan spricht allen Bestandteilen der Natur Leben zu - Flüssen, Steinen, Bergen und Bäumen. In bestimmten Bergregionen von Japan glaubt man, daß eine alte mythologische Gestalt, bekannt als »tengu«, im Wald lebt. Tengu, halb Vogel und halb Mensch, lebt zusammen mit einem König. Normalerweise im Dämmerlicht des ungestörten Waldes verborgen, können sie nicht wohlgefälligen Reisenden im Wald Streiche spielen.

S.76 Oirase-Tal, Honshu, Japan.
In den Laubmischwäldern von Japan findet man eine Anzahl von Tieren, die es nur in diesem Land gibt. Große Flughörnchen, Japanische Haselmaus und Sikahirsch sind abhängig vom Wald, um zu überleben, ebenso wie einige endemische Vogelarten.

S. 78 Ginkgo, Hirosaki, Japan.
Der Ginkgo ist der einzige Überlebende einer Gruppe von Koniferen, die vor 200 Millionen Jahren weit verbreitet war. Bevor sich die Blütenpflanzen entwickelten, wuchsen im Wald Farne, primitive Koniferen und Cycadeen, die Nahrung pflanzenfressender Dinosaurier. Der Ginkgo hat unverändert seit dieser Zeit überlebt. Seine urtümlich gelappten Blätter und ungeschützten Samen sind Zeugen seiner alten Herkunft. Seine nächsten Verwandten fand man als Fossilien in Kohleflözen.
Lebende Ginkgos hat man niemals mit Sicherheit in der Wildnis gefunden, aber sie wurden in den Tempelgärten Chinas und Japans kultiviert. In Japan erzählt man, daß die Ginkgos die einzigen Pflanzen wären, die die menschliche Eigenschaft der Loyalität besäßen. Man sagt, daß sie für ihren Herrn sterben.

S. 79 Burmesischer Banyanbaum, Botanischer Garten, Singapur.
Ein großer Feigenbaum in einem tropischen Wald ist, solange er Früchte trägt, von Gesängen und Aktivität erfüllt. Den ganzen Tag über wandern Scharen von Affen und Vögeln durch sein Geäst und fressen die saftigen Früchte. Bei vielen Tieren bildet dieser produktivste Baum des Tropenwaldes den Mittelpunkt ihres Territoriums.

S. 80 Kokospalmen und Haus am Fluß, Malaysia.
Die großen schwimmfähigen Samen der die Strände säumenden Kokospalme treiben über die tropischen Ozeane. Mit ihrer wasserdicht verpackten Milch und den Nährstoffen können sie an einer entlegenen Küste keimen. Wo Kokosnüsse wachsen, können auch Menschen überleben. Die Milch im Inneren der grünen Nuß löscht den Durst und ist nahrhaft, und auch das getrocknete Fleisch der Nuß kann man essen oder daraus Öl gewinnen. Die Schalen werden als Brennmaterial genutzt, die Wedel zum Dachdecken oder Flechten, der Stamm liefert wertvolles Holz. Wo es Kokospalmen gibt in den Tropen, ist auch Platz für lebensfähige Ansiedlungen von Menschen.

S. 81 Bambus, Kyoto, Japan.
Bambus, ein baumgroßes Gras mit über 1000 Verwendungsmöglichkeiten, ist das am schnellsten wachsende Lebewesen in der Welt. An einem warmen, feuchten Morgen kann ein Bambus mit erstaunlicher Geschwindigkeit wachsen und gibt dabei manchmal quietschende, wimmernde und leicht kreischende Geräusche von sich, wenn sich die jungen Triebe ihren Weg durch die Deckblätter bahnen, die die Basis jedes Triebes bedecken. Bambus ist weit verbreitet, aber am häufigsten und mit den meisten Arten ist er in Asien vertreten. Es gibt ungefähr 1000 verschiedene Bambusarten; die meisten von ihnen blühen nur in langen Zeitabständen von 30, 60 oder sogar 120 Jahren. Alle Bambuspflanzen einer Art blühen genau zum selben Zeipunkt, wo immer auf der Welt sie auch stehen. Nach der Blüte sterben die Stämme ab. Dieses synchrone Blühen und das Absterben bereitet dem bedrohten Panda-Bären, der sich ausschließlich von Bambus ernährt, große Probleme. Während der jüngsten Bambusblüte in China fand man 140 Pandas, die verhungert waren.

AFRIKA

S. 82/83 Protea-Bäume, Drakensberge, Südafrika.
Protea caffra, auch als Zuckerbusch bekannt.

S. 84 Fieberakazie, Kenia.
Die Akazie ist der Inbegriff des afrikanischen Savannen-Baums. Ihre weit ausladenden Äste, die ihr die typische Form geben, sind das Kennzeichen dieses Graslandes. Es gibt viele Arten, die jeweils unterschiedliche Ansprüche an den Boden oder die Verfügbarkeit von Wasser haben und es der Gattung *Acacia* ermöglichen, viele verschiedene ökologische Nischen quer durch Afrika zu besetzen. Akazien haben eine Vielzahl von Anpassungen entwickelt, um die heißen, trockenen Lebensbedingungen in der offenen Savanne zu überstehen. Dazu gehören kleine Blätter sowie ein tiefreichendes Wurzelsystem. Sogar die Photosynthese geschieht am effizientesten bei hohen Temperaturen.
Aufgrund des Erscheinungsbildes ihrer Blüten teilt man die afrikanischen Akazien in zwei Gruppen ein. Die eine, zu der auch die Fieberakazie (*Acacia xanthophloea*) gehört, hat helle, kugelige Blüten. Die andere Gruppe besitzt Blüten, die zylinderförmig angeordnet sind.

S. 85 Victoriafälle, Zimbabwe.
Ein tiefer Riß in der Erde kreuzt den Weg des Sambesi-Flusses bei den Victoriafällen und läßt den Fluß 108 Meter tief in einen langen Canyon stürzen. Während der Regenzeit steigt die Gischt dieses 1370 Meter breiten Wasserfalls hoch auf und ist dann viele Kilometer weit sichtbar. Dieses Phänomen macht den Namen für die Victoriafälle in der Makololo-Sprache verständlich. »Mosi-oa-tunya« bedeutet: der Rauch, der donnert. Die Gischt fällt als permanenter leichter Regen an den Rändern des Canyons und läßt einen Regenwald im Kleinen entstehen mit feuchtigkeitsliebenden Epiphyten, Farnen und Palmen sowie

üppigen bodenbedeckenden Pflanzen. Außerhalb dieses Dauerregens verwandelt sich die Vegetation schnell wieder in trockenes Buschland und der Boden in Sand.
Die Victoriafälle sind im Laufe der Zeit immer mehr flußaufwärts zurückgewichen, weil der Sambesi sich mehr und mehr in das weiche Gestein seines schwarzen Basaltbettes frißt. Den Fortschritt dieses Prozesses kann man über einige hundert Kilometer hinweg anhand tiefer Schluchten erkennen, die sich am Fluß unterhalb der Fälle zickzackförmig ausbreiten. Wenn der Wasserfall weiter zurückweicht, wird auch der kleine Regenwald ihm flußaufwärts folgen.

S. 86 Schlucht des Sambesi-Flusses, Sambia.
Bestimmte Baumgruppen oder Wälder sind in vielen Teilen Afrikas vom täglichen Nutzen ausgeschlossen. Sie gelten wegen ihrer Bedeutung für religiöse Zeremonien, Rituale und Opfer als heilig. Diese Wälder dürfen weder als Weideland genutzt werden, noch dürfen Feldfrüchte angebaut oder Brennholz gesammelt werden. Wenn sich Tiere oder Menschen dort verstecken, dürfen sie nicht verfolgt werden, da der Wald Zuflucht gewährt, geschützt durch den Zorn Gottes oder der Geister.

S. 87 Fieberakazien, Ndumu-Reservat, Südafrika.
Der lateinische Name für die Fieberakazie lautet *Acacia xanthophloea. Xanthophloea* bedeutet »gelbe Rinde« und aufgrund dieses Merkmals der am Fluß stehenden Akazien glaubten die frühen europäischen Siedler in Afrika, daß sie die Ursache für Malaria sei. Fieberakazien wachsen nur entlang der Flüsse und in der Nähe von Stellen, wo die Malaria am häufigsten ist. Erst später entdeckte man, daß Moskitos (deren Larven sich im Wasser entwickeln) die Malaria übertragen und daß die Fieberakazie unschuldig war.

S. 88 Schirmakazien, Natal, Südafrika.
Die Schirmakazie (*Acacia sieberana*) ist ein im tropischen Afrika vom Senegal bis Äthiopien und im Süden bis Transvaal und Natal weit verbreiteter Baum. Ihre Rinde ist korkig und man vermutet, daß dies ein Schutz gegen die zerstörerische Wirkung der Buschbrände ist, die in ihrem Lebensraum, dem bewaldeten Grasland, während der Trockenzeit auftreten.

S. 89 Kiefern, Fynbos-Landschaft, Kapprovinz, Südafrika.
In der Kapprovinz, der Spitze von Afrika, haben spezielle Klimabedingungen und eine abwechslungsreiche Landschaft eine einzigartige Vegetation entstehen lassen, die als »fynbos« bekannt ist: niedriger Busch, der von Heide, Proteen, Seggen und Binsen beherrscht ist. Man hat erkannt, daß die Fynbos ein wichtiger Ort zum Verständnis der Evolution der Pflanzen sind. Dort gibt es mehr als 7000 Pflanzenarten, mehr als die Hälfte von ihnen ist endemisch (das heißt, sie kommen nur hier vor). Viele Pflanzen sind urtümlich und haben sich seit Millionen Jahren nicht verändert. Sie haben in der herausfordernden, aber isolierten Umwelt dieses speziellen Gebietes Zuflucht gefunden. Verwilderte Kiefernarten, die nach Südafrika eingeführt wurden, haben sich in die Fynbos ausgebreitet und unterwandern und verändern das ökologische Gefüge, so daß teure, aber durchgreifende Schutzmaßnahmen notwendig wurden. 38 Pflanzenarten dieser Region sind bereits ausgestorben, 68 sind stark bedroht und mehr als 1000 gelten als gefährdet.

S. 90 Akazien, Namib-Wüste, Namibia.
In der Namib-Wüste regnet es nie. Dennoch gibt es eine überraschende Vielfalt von Lebewesen, die es schaffen, in dieser Wüste aus rotem Sand zu überleben. Sie sind von der Feuchtigkeit des Nebels abhängig, der vom Meer kommt und an einem von fünf Tagen die Wüste benetzt. Oder sie gedeihen über unterirdischen Flußläufen, wie die Akazie (*Acacia eioloba*). Die Akazie ist ein Wüstenbaum von großer ökologischer Bedeutung. Sie trägt Früchte und Blüten und liefert Holz und Schatten an einem Ort, wo all diese Dinge selten sind.

S. 91 Marula-Bäume, nördliches Transvaal, Südafrika.
Die Frucht des Marula (*Sclerocarya birrea*) ist so geschätzt, daß das Stammesgesetz sie schützt und die Bäume gewöhnlich stehengelassen werden, wenn Land in Südafrika gerodet wird. Marula gehört zur Familie der Mangobäume - die Verwandtschaft liegt nahe, wenn man an die köstlichen Früchte denkt, die von Mensch und Tier gerne verzehrt werden. Der Nutzen des Baumes, dessen weiches, helles Holz man zum Schnitzen von Schalen, Mörsern und Hockern verwendet, schließt auch Magie ein. Man glaubt, daß er ein Baum der Fruchtbarkeit ist, der fähig ist, das Geschlecht der ungeborenen Babies zu bestimmen.

S. 93 links Baobab (Affenbrotbaum), Messina, Südafrika.
Der Baobab (*Adansonia digitata*) mit seiner schimmernden grauen Borke und den wirr angeordneten kahlen Zweigen ist ein bemerkenswerter Baum. Er hat sich an das trockene Gebiet, in dem er lebt, angepaßt, indem er im schwammartigen Gewebe seines enormen, weichholzigen Stammes Wasser speichert. Der Baobab wirft während langer Trockenzeiten seine Blätter ab und wartet auf den Leben spendenden Regen. Große Baobabs können sehr alt sein. Mit Hilfe der Radiokarbon-Methode wurden einige auf ein Alter von 2000 Jahren geschätzt. Sie wachsen nur sehr langsam.

S. 93 rechts Eselsfeige, Swasiland.
Der englische Name der Eselsfeige (*Ficus ingens*) lautet »rock fig«. Er ist von den kräftigen Wurzeln abgeleitet, die Felsen sprengen können. Feigen sind von großer ökologischer Bedeutung in ihrem Lebensraum, da sie Früchte als Nahrung für eine Vielzahl von Vögeln und anderen Tieren bereitstellen.

S. 95 Maulbeerfeigenbaum, Transval, Südafrika.
Das Überleben dieser großen Feige (*Ficus sycomorus*) ist, wie das aller Feigen, abhängig von einer kleinen Wespe. Ohne diese Wespe würden die Blüten nicht befruchtet und würden keine Früchte bilden. Die Blüten der Feige sind in einem geschlossenen Behälter versteckt, der von außen wie eine Frucht aussieht. An der Spitze dieser »Frucht« ist eine kleine Öffnung, die die kleine Feigenwepse hereinläßt. Ihre Aufgabe ist es, die Blüten zu befruchten. Das Wespenweibchen läßt seine Eier in speziellen sterilen Blüten zurück, die die Feige für diesen Zweck bildet. Dabei überträgt sie Pollen auf benachbarte fruchtbare Blüten der Feige. Dieser Pollen stammt von ihrem Geburtsort. Männliche Wespen dringen in die Frucht ein, um ihre Töchter zu befruchten, während diese noch nicht ausgeschlüpft in der sterilen Brut-Blüte liegen. Der Feigenbaum stimmt die Entwicklung seines Pollens auf das Schlüpfen der weiblichen Wespen ab, so daß der Pollen von ihnen weitergetragen wird, wenn sie die Blüte verlassen, um ihre Eier in eine neue Feige zu legen. Alles in der Fortpflanzungsbiologie der Feige und der Wespe ist fein aufeinander abgestimmt, was auf eine lange gemeinsame evolutionäre Entwicklung zwischen diesen Pflanzen und der sie bestäubenden Insekten hinweist. Würden die kleinen Wespen verschwinden, würde auch die Feige aussterben.

S. 96 Baobab (Affenbrotbaum), Zimbabwe.
Baobabs nützen in den trockenen Gebieten, in denen sie wachsen, den Menschen auf vielfältige Weise. Aus ihrem schwammartigen Holz stellt man Seile oder Papier her. Die Blätter und der Pollen sind eßbar. Die Samen erfrischen, wenn man sie aussaugt, oder man röstet sie und stellt eine Art Kaffee her.
Afrikanische Stämme haben nach Erklärungen für die ungewöhnliche Form dieses wichtigen Baumes gesucht. In vielen Legenden verbreitet ist die Geschichte, daß Gott, in einem Anfall von Ärger, weil der Baobab sich für keinen Ort, an dem er wachsen sollte, entscheiden konnte, den Baum über seine Schulter warf. Der Baobab landete auf seiner Krone und wuchs von da an mit den Wurzeln nach oben. Junge Baobabs sehen so anders aus als ältere – kleine, unscheinbare Büsche – daß sogar der Stamm der San, die dieses Gebiet so gut kennen wie niemand anderes, nicht glauben, daß der Baobab aus diesen Sträuchern heranwächst. Nach ihrem Glauben fallen Baobabs ausgewachsen auf die Erde, und der dumpfe Aufschlag kann oft in dem friedlichen, weiten Wüstenland gehört werden.

S. 98 links »Halbmensch«, Hester-Malan-Naturreservat, Südafrika.
Vor langer Zeit verließen die Khoisan Nama ihre Heimat und wanderten nach Süden. Sie hatten den Befehl erhalten, niemals zurück zu schauen. Einige aber konnten einem letzten Blick zurück auf die geliebte Heimat nicht widerstehen, und diese Menschen wurden sofort in »Halbmenschen« verwandelt, die ihre Blattrosetten zur Sonne nach Norden wandten. »Halbmenschen« (*Pachypodium namaquanum*) werden von den Nama als ihre Ahnen verehrt. Diese »Dickfuß«-Gewächse wachsen in dem rauhen, felsigen Land am Rande der Namib-Wüste. Während eines Wolkenbruches keinem sie und bilden in den ersten 24 Stunden ihres Wachstum eine Wurzel. Dann warten sie, und wachsen 24 Monate oder sogar 24 Jahre kaum, bis der Regen wieder kommt. Die Wolkenbrüche bewirken das synchrone Wachstum der »Halbmenschen«, so daß man häufig gleich alte Bestände findet – Geister, die in ihre nördliche Heimat blicken.

S. 98 oben Silberbaum, Botanische Gärten Kirstenbosch, Kapstadt, Südafrika.
Der Silberbaum (*Leucadendron argenteum*) kommt von Natur aus nur auf dem Tafelberg bei Kapstadt vor.

S. 99 Akazie mit Nestern von Webervögeln, Namibia.
In Afrika gibt es ungefähr 85 verschiedene Arten von Webervögeln. Sie weben wunderschöne komplizierte Nester aus Gräsern der afrikanischen Savannen. Viele Nester haben Schutzvorrichtungen, um Räuber fernzuhalten. Sie können an Ästen über dem Wasser hängen, einen tunnelartigen Eingang haben oder neben den Nestern stechender Wespen plaziert sein. In Kolonien lebende Webervögel bauen enorm große Gemeinschaftsnester, die wie ein riesiger, dunkeler Sack von ihrem Akazienwirt herabhängen.

S. 100 Palmfarn, Zuurberg-Nationalpark, Südafrika.
Palmfarne (z. B. *Encephalartos* sp.) sind die primitivsten Samenpflanzen. Sie beherrschten die Erde vor 300 bis 200 Millionen Jahren, gingen aber seit mehr als 100 Millionen Jahren ständig zurück. Sie überlebten als zähe und widerstandsfähige Bäume überall am Ostrand des südafrikanischen Hochlands. Man kennt 26 Palmfarnarten. Im Zuurberg-Nationalpark findet man mehr Palmfarne als irgendwo anders.

S. 101 Drachenbaum-Aloe, Kokerboom Forest, Namibia.
Die Drachenbaum-Aloe (*Aloe dichotoma*) lebt zusammen mit anderen Bäumen von bizarrer und wunderlicher Gestalt in den extremen Wüstengebieten von Namaqualand und Südnamibia.

SÜDAMERIKA

S. 104 Buchenwald, region de los lagos, Chile.
Es gibt 9 Arten der Südbuche (*Nothofagus*) in Chile, jede von ihnen ist an eine etwas unterschiedliche ökologische Nische im Wald angepaßt. Die Buchenarten vermischen sich und wechseln, so wie sich Böden, Feuchtigkeit und Temperatur mit der Länge Chiles und an den Hängen der Anden verändern. Einige Arten werfen ihr Laub ab, diese findet man in den kühleren Regionen, eine von ihnen bildet die Baumgrenze, wo der Wald den alpinen Wiesen Platz macht.

S. 106 Gelbholz-Stamm, Amazonasbecken, Peru.
Die dornartigen Auswüchse auf diesem Gelbholz-Stamm (*Zanthoxylum cinereum*) haben sich wahrscheinlich entwickelt, um Tiere abzuhalten, am Stamm hochzuklettern und Blätter oder Samen zu fressen, oder sie schützen die Rinde davor, abgefressen zu werden.
Pflanzen im Tropenwald fechten einen steten Kampf gegen räuberische Insekten und andere Tiere. Am ausgefeiltesten sind chemische Waffen. Die Blätter tropischer Pflanzen können mit Drogen oder Giften versetzt sein. Das können Alkaloide wie Kokain oder Koffein sein, die bitter oder scharf schmecken, oder Insektizide und andere Giftstoffe wie Blausäure; oder chemische Stoffe, die Hormonen ähneln und die Brut der Räuber stören; oder Latex, Harze und Gummi, die die Mundwerkzeuge der Insekten verkleben, bevor diese Zeit haben, mit dem Kauen zu beginnen. Einige Pflanzen haben bis zu 90 verschiedene Abwehrstoffe und -strategien. Sie kombinieren chemische Kriegsführung mit mechanischer Verteidigung wie beispielsweise Stacheln und Dornen. Es gibt eine sich gegenseitig beeinflussende Evolution zwischen Pflanzen und Tieren, da jeder sich weiterentwickelt, um die jüngste Taktik des anderen zu überlisten. Zieht man Bilanz, scheinen die Pflanzen zu gewinnen. Die meisten Blätter überleben ungefressen - nach einer Studie in einem tropischen Wald hängen nur sieben Prozent der Tiere (einschließlich Insekten) von lebenden Pflanzen als Nahrungsquelle ab.

S. 107 Araukarien, Vulkan Llaima, Chile.
Die perfekte Geometrie ihrer stacheligen Äste weist auf den archaischen Ursprung der Araukarien (*Araucaria araucana*) hin, die man in ihrer Heimat Chile als »Regenschirm-Baum« kennt und in der übrigen Welt als chilenische Kiefer. Im Mesozoikum, vor 200 Millionen Jahren, waren die Wälder reich an solchen primitiven Koniferen, ebenso an Palmfarnen, Ginkgos und Farnen. Araukarien findet man heute auf Bergkämmen oder anderen unzugänglichen Stellen sowie an den Westhängen und -tälern der Anden. Ihre schirmförmigen Silhouetten vor den symmetrischen Vulkanen charakterisieren die Landschaft von Mittelchile.

S. 108 Buchen, region de los lagos, Chile.
Gerodete Flächen, durchsetzt mit natürlichem Wald, sind ein häufiges Muster im bewirtschafteten Land von Mittelchile und der region de los lagos. Die Pioniere dieses Landes haben große Urwaldflächen unberührt gelassen, aber diese werden jetzt mehr und mehr abgeholzt.

S. 109 Buchen, region de los lagos, Chile.
Buchen in einem blühenden Rapsfeld.

S. 111 Araukarien, Vulkan Lonquimay, Chile.
Der Name Araukarie, der der ganzen Familie dieser besonderen Koniferen gegeben wurde, kommt von den araukarischen Indianern, die in den Wäldern von Mittel- und Südchile lebten. Sie waren mutige Kämpfer, die für die grimmige Verteidigung ihrer bewaldeten Heimat den Respekt der erobernden Spani-

er erwarben. Die Hauptnahrung der araukarischen Indianer war der Samen der Araukarie. Am Ende des Sommers wanderten sie durch die Araukarienwälder, um die dattelgroßen Samen zu sammeln. Diese wurden in heißer Asche geröstet oder in Fleischeintöpfen gekocht, oder sie wurden auf Sehnen aufgezogen, um über dem Feuer zu trocknen, und dann als Wintervorrat aufgehoben. Araukarien tragen im Alter von 25 Jahren die ersten Samen und fruchtbare Wälder werden besonders verehrt.

S. 112 Kapokbaum, Manu-Biosphärenreservat, Peru.
Der Kapokbaum (*Ceiba pentandra*) gehört zusammen mit dem Baobab zur Familie der Bombacaceae. Der Kapokbaum ist einer der häufigsten Bäume des tropischen Regenwaldes. Er hat breite Stützwurzeln und einen weichen, grauen Stamm, der sich 50 Meter hoch erstreckt, bevor er eine weite, flache Krone über dem Laubdach der anderen Bäume bildet. So ein Baum ist ein schnellwüchsiger »Aufsteiger«. Hoch über dem Wald bekommt der Kapokbaum volles Sonnenlicht. Er benötigt dies, um zu wachsen, und deshalb ist er in Lebensräumen mit einem hohen Lichtangebot, wie Waldrändern, Flußufern und auf durch gestürzte Bäume zerstörten Flächen häufig. Wenn ein riesiger Kapokbaum bei einem Sturm umstürzt, bricht er eine Lücke in den Wald, die nun von Licht durchflutet wird. So wird die Keimung und das Wachstum von Bäumen seiner Art gefördert. Sie wachsen schnell – drei Meter in einem Jahr. Bevor er alle fünf bis zehn Jahre blüht, wirft der Kapokbaum seine Blätter ab (wie in jeder Trockenzeit), um seinen Bestäubern (Fledermäusen) leichten Zutritt zu den Blüten zu verschaffen. Die Früchte öffnen sich noch am Baum und lassen Tausende feiner Samen mit seidigen Haaren frei, die von den tropischen Winden über den Wald verfrachtet werden. Kapok, wie man diese Haare nennt, sind für den Menschen eine sehr nützliche Faser. Den Mayas war der Kapokbaum heilig. Sie glaubten, daß die Seelen in den Himmel kamen, indem sie auf einen mythischen Kapokbaum stiegen, dessen Äste der Himmel selbst waren.

S. 113 Unwetter, Tambopata-Wildreservat, Peru.
Regen ist ein erklärter Bestandteil des tropischen Regenwaldes. Im Amazonasgebiet übersteigen die durchschnittlichen Niederschläge 200 Zentimeter, an einigen Stellen erreichen sie sogar beinahe 10 Meter pro Jahr. Die Unwetter, die diese Mengen abgeben, können in ihrer Heftigkeit beängstigend sein, vor allem wenn ihnen Stürme und hoch aufgetürmte Kumuluswolken vorausgehen und sie von Blitz und Donner begleitet werden. 50 Prozent der Wassermenge, die vom Himmel fällt, kehrt durch Verdunstung und Transpiration wieder in die Atmosphäre zurück und schafft so einen Kreislauf von Wasser, das niemals die Flüsse des Landes erreicht. Die Bäume halten dieses System in Gang, und wenn sie abgeholzt werden, sagen Klimatologen den Zusammenbruch des Regen- und Energiekreislaufs über dem Amazonasbecken voraus. Eine weitere Folge ist massive Bodenerosion, weil das Land dann ungeschützt den Kräften der tropischen Stürme ausgesetzt ist.

S. 114 Baumstamm, Amazonasbecken, Peru.
Dieser Baum mit seinem von Dornen besetzten Stamm (*Jacaratia digitata*) gehört zur Familie der Papayas.

S. 115 Blatt mit Träufelspitzen, Amazonasbecken, Peru.
Die Blätter vieler Pflanzen des tropischen Regenwaldes laufen in sogenannten Träufelspitzen aus. Blätter mit dieser Form trocknen schneller als solche ohne Träufelspitzen, weil das Wasser von ihnen als Tropfen schneller abläuft als es verdunsten würde. In einem Lebensraum, der soviel Regen erhält wie der tropische Regenwald, ist es wichtig, die Blätter frei von Wasser zu halten. So ist das Wachstum von kleinen Epiphyten, bekannt als Epiphylle, eingeschränkt, die sonst auf den Blättern wachsen. Ein anderer Vorteil für das Blatt ist es, nach einem Regenguß schnell wieder mit der Transpiration zu beginnen.

NORDAMERIKA

S. 118 Südliches Quebec, Kanada.
Feuchtgebiete, die durch Wald geschützt sind, halten für verwundbare Tiere einen mannigfaltigen Lebensraum bereit, wo diese fressen und sich verbergen können. Das Gleichgewicht der empfindlichen Feuchtgebiete wird durch die umgebenden Bäume stabilisiert, die den Boden vor Erosion durch Regen bewahren und den Wasserspiegel konstant halten.

S. 119 Vermont, USA.
Jeden Herbst werden die Neuengland-Staaten von Besuchern überschwemmt, um Zeugen der Herbstfarben des Laubwaldes zu werden – ein natürliches Schauspiel der Farben, das, wenn es sich über das Land ausdehnt, von den Radiostationen und Tageszeitungen angekündigt wird. Die ansässigen Gemeinden profitieren von den Einnahmen aus dieser Wanderschaft, die auf der nationalen Verehrung für die Schönheit der Bäume gegründet ist.

S. 120 Ahorn, Maine, USA.
In Nordamerika sind 13 Ahornarten heimisch und die meisten konzentrieren sich auf den östlichen Teil des Kontinents. Im Frühjahr, bevor die ersten Blätter spießen, spielt sich eine Fülle unsichtbarer Aktivitäten ab, wenn der Baum Zucker, den er im vorhergehenden Sommer im Stamm gespeichert hat, zu den Ästen, Zweigen und Blattknospen transportiert, um Energie für das Öffnen der Knospen zur Verfügung zu stellen. Beim Zuckerahorn (*Acer saccharum*) kann der Druck des Zuckersaftes, der nahe der Rinde aufsteigt, beachtlich sein. Zuckerahorn-Farmer zapfen den aufsteigenden Saft mit Metallstiften an, die in die Rinde geschlagen werden. Schon die Indianer kannten den süßen Saft und zapften Ahornbäume über Generationen hinweg an. Kleine Waldtiere, beispielsweise Eichhörnchen, mögen den Saft auch und beißen Löcher in die Borke, um den süßen Saft aufzulecken.

S. 121 Espen, Nevada, USA.
Espen stellen für viele Waldtiere das ganze Jahr über eine Nahrungsquelle dar. Sowohl Schneeschuh-Hasen als auch Baumwollschwanz-Kaninchen knabbern an den Zweigen, die bis auf den Boden herabhängen. Elche, Nordamerikanische Baumstachler und Weißwedelhirsche weiden dort und überstehen den Winter mit der Nahrung, die sie von den Zweigen rupfen können. Vögel wie der Purpurgimpel fressen die Knospen oder nisten in Baumhöhlen. Espen sind auch für Biber wichtig, die viele Teile des Baums fressen, aber vor allem die Rinde der jungen, obersten Zweige brauchen. Um an sie heranzukommen, fällen Biber ganze Bäume und bewahren sie im Schlamm auf dem Grund ihrer aufgestauten Seen den Winter über auf.
Wenn der Sommer beginnt, ist das unaufhörliche Zittern des Laubes mit seinen langen Stielen und das Rascheln bei dem geringsten Luftzug das hervorstechende Merkmal der Espen. Die Onondage-Indianer nennen den Baum »nut-hi-e«, das heißt »lautes Blatt«. Sie nutzten den bitteren Aufguß aus ihrer Rinde, um Erkältungen zu kurieren.

S. 122 Mammutbaum, Yosemite-Nationalpark, Kalifornien, USA.
Hoch oben an den Westhängen der Sierra Nevada wachsen in abgegrenzten Waldgebieten die riesigen Mammutbäume (*Sequoiadendron giganteum*) mit ihren mächtigen Stämmen. Sie gehören zu den größten Bäumen der Welt. In den 3000 oder noch mehr Jahren ihres Lebens erreichen ihre Stämme einen Umfang von mehr als 30 Metern, und sie werden annähernd 90 Meter hoch. Mammutbäume sind von einer feuerfesten, weichen Borke umgeben, die bis zu 60 Zentimeter dick ist. Sie schützt die Bäume vor Waldbränden, denen die meisten anderen Bäume zum Opfer fallen.
Trotz ihres Alters und ihrer Seltenheit, werden Mammutbäume von Holzfällern geschlagen. Madison Grant, Präsident der Zoologischen Gesellschaft New York und einer der Gründer der Vereinigung »Save the Redwoods«, schrieb 1918: »Es ist kaum nötig, auf das Verbrechen einzugehen, das mit der Zerstörung der ältesten Bäume der Erde verbunden ist. Das Abholzen eines Mammutbaums für Weinstock-Pfähle oder Eisenbahnschwellen ist ... wie das Anzünden einer Pfeife mit einer griechischen Schrift, um sich den Umstand zu ersparen, nach den Streichhölzern zu greifen.«

S. 123 Küstensequoien, Kalifornien, USA.
Die Küstensequoie (*Sequoia sempervirens*) ist der höchste Baum der Welt und bildet Wälder aus eng nebeneinander wachsenden Baumriesen in einem schmalen Gürtel entlang der Pazifikküste, wo der morgendliche Küstennebel das Land regelmäßig in einen warmen, unheimlichen Dunst hüllt. Für mehr als 2000 Jahre mag ein einzelner Baum hier wachsen und schraubt sich in seiner tief zerfurchten, rostbraunen Rinde auf Höhen bis 100 Meter empor. Die höchsten Bäume, die so eng beieinander stehen, daß sich nur ein Pfad zwischen ihnen durchwinden kann, findet man auf Schwemmland. Hier kommen die mit fruchtbarem Schlamm angereicherten Flüsse von den Küstengebirgen. Wenn diese Flüsse bei Hochwasser eine dicke Schicht nährstoffreichen Schlamm auf dem Waldboden ablagern, bilden die Küstensequoien einfach neues Wurzelgeflecht, um an die Nährstoffe heranzukommen und ihre Stämme noch höher wachsen zu lassen. Der Name dieser und anderer Sequoien erinnert an den Indianerhäuptling Sequoyah, der berühmt wurde, weil er ein Alphabet mit 83 Buchstaben für die Sprache der Cherokee entwickelt hat.

S. 126 und 127 Sumpfzypressen, Atchafalaya-Becken, Louisiana, USA.
Die südlichen Flüsse von Louisiana und Florida fließen in Mäandern durch das überschwemmte Sumpfland der Wasserlandschaft der »Bayous« (das sind kleine, tierreiche Wasserarme). Ein Baum hat sich am erfolgreichsten an diesen halb unter Wasser liegenden Lebensraum angepaßt: die Sumpfzypresse (*Taxodium distichum*). Dieser Baum, auch als »kahle Zypresse« bekannt (weil sie im Winter ihre Blätter abwirft), hat Luftwurzeln entwickelt, die über den Wasserspiegel herausragen. Sie enthalten ein schwammiges Gewebe, das Sauerstoff aufnimmt und es dem Wurzelsystem erlaubt, in dem oft stehenden, sauerstofffreien Wasser der Bayous zu überleben. Die Samen der Sumpfzypresse brauchen zum Keimen mit Wasser vollgesogenen Boden. Das Holz der Bäume ist nahezu völlig unempfindlich gegen Verrottung. Sumpfzypressen werden sehr hoch und können alt werden – eine Zypresse soll nachgewiesenermaßen 1300 Jahre alt sein.
Das hohe Alter der Zypressen scheint noch durch den grauen Behang aus Lousianamoos (*Tillandsia usneoides*) betont zu werden, das in ihren Zweigen hängt und sich um ihre Blätter wickelt. Louisianamoos ist eine bizarre Verwandte der Ananas. Es braucht die Sumpfzypresse nur, um einen Platz zu haben, auf dem es hängen kann – es dringt nicht in den Baum ein und ernährt sich nicht von ihm. Die Indianerstämme von Louisiana sagen, daß das Louisianamoos die Haare einer Braut sind, die bei ihrer Hochzeit von einem feindlichen Stamm getötet wurde. In ihrem Kummer hängte ihre Familie ihr langes Haar über die Zweige der Zypresse, wo es mit der Zeit grau wurde und in den Bayous im Wind weht.

S. 128 Virginianische Eiche, Jefferson-Insel, Louisiana, USA.
Die Virginianische Eiche (*Quercus virginiana*) ist ein Synonym für den tiefen Süden der USA, wo Plantagenbesitzer sie oft wegen ihrer Anmut und dem Schatten, den sie spendet, auf den Rasenplätzen der Herrschaftshäuser anpflanzten. Der englische Name »live oak« rührt daher, daß diese Eiche im Winter nicht ihr Laub abwirft und dadurch nicht gleich anderen Eichen wie tot erscheint. Durch die warmen Wintermonate des Südens kann die Virginianische Eiche ihr Laub das ganze Jahr über behalten.
Das erste nationale Waldreservat der USA wurde gegründet, um einen Wald aus Virginianischen Eichen zu schützen (1928 in Florida). Die Virginianische Eiche erwies sich auf dem Schiff namens »Constitution« oder »Old Ironsides« als ein hartes Holz für den Schiffsrumpf. Sie war so hart, daß Kanonenkugeln an ihr wie Wassertropfen vom Rücken einer Ente abgeperlt sein sollen. Durch die Gründung des Reservats versuchte Präsident John Quincy Adams, den Wahnsinn der Abholzung dieser Eichen zu begrenzen, der nach dieser Entdeckung einsetzte. Doch Bedarf und Habgier besiegten schnell die naturschützerischen Überlegungen und das Reservat wurde abgeschafft. Die Bäume wurden nur fünf Jahre später gefällt.

S. 129 Vermont, USA.
Die nordamerikanischen Laubwälder beherbergen viel mehr Arten als die von Europa und Westasien. Ein Faktor, der entscheidend zu dieser erhöhten Vielfalt beiträgt, ist wahrscheinlich die Ausrichtung der Gebirgszüge. In Europa verlaufen sie von West nach Ost und bilden eine Barriere aus schneebedeckten Gipfeln und kalten Berghängen. Diese Barriere war für die wärmeliebenden Pflanzen aus dem Süden nur schwer zu überwinden, nachdem die letzte Eiszeit ihre Ausbreitung in den kalten Norden verhindert hatte. In Nordamerika dagegen verlaufen die Gebirgsketten hauptsächlich in Nord-Süd-Richtung und ließen so den Weg für eine Wiederbesiedlung offen, nachdem sich die Gletscher zurückgezogen hatten.

S. 130 Grand Canyon, Arizona, USA.
Der Grand Canyon ist 365 Kilometer lang, 1,6 Kilometer tief und mehr als 29 Kilometer breit. Dieser breite, tiefe Riß quer durch den trockenen Südwesten ist für viele Tiere nicht zu überqueren, besonders von den Pinselohr-Hörnchen und den Kaibab-Pinselohr-Hörnchen. Die Geschichte dieser Hörnchen ist gleichzeitig die Geschichte von Bäumen. Beide Hörnchen gehörten einst derselben Art an und ihr Überleben war völlig von der Gold- oder Gelbkiefer abhängig. Während der letzten Eiszeit war das Klima dieser Region kühl und feucht genug, so daß die Goldkiefer rund um den Canyon und in seiner tiefen Schlucht wachsen konnte. In diesem ganzen Wald hatten die Hörnchen ihr Revier. Als sich das Eis zurückzog, wurde das Klima nach und nach trockener und der für die Goldkiefer geeignete Lebensraum schrumpfte auf zwei getrennte Wälder zusammen - einer am Südrand des Canyons und einer am Nordrand. In jedem Wald saß nun eine - Population von Hörnchen in der »Falle«, und weil sie über lange Zeit voneinander isoliert waren, entwickelten sie sich zu zwei verschiedenen Arten.

S. 131 Nußkiefer, Grand Canyon, Arizona.
Die Nußkiefer liefert nahrhafte Samen, der für die

Great-Basin-Indianer von so großer Bedeutung war, daß viele Clans ihr Leben nach dem Lebenszyklus der Nußkiefer ausrichteten. Die Kiefernsamen wurden roh oder geröstet gegessen, zu Mehl zermahlen, oder als Nußmus zerquetscht. Im Südwesten kochten die Navajos das Harz der Kiefer zusammen mit Schafs- und Ziegenhufen, um Leim für ihren Türkis- und Silberschmuck zu gewinnen. Er bewirkte außerdem, daß die Steinpfannen, in denen sie Maisfladen buken, nicht klebten. Die Hopi mischten das Harz mit Blättern und Lehm und stellten so eine tintenartige Farbe für ihre Wolle her. Zudem trugen sie das Harz auf gewobene Körbe auf, um daraus wasserdichte Behälter zu machen. Schließlich glaubten sie, daß sie sich vor Zauberern schützen könnten, wenn sie das Harz auf ihre Stirn strichen.

S. 132 Great-Basin-Nationalpark, Nevada, USA.
Forscher beginnen nun, die beschreibenden Ausdrücke von den Sprachen der Ureinwohner Nordamerikas zu benutzen, um die verschiedenen Arten des Schnees zu beschreiben. Der Ausdruck »qali« zum Beispiel ist ein Wort, das für den »Schnee auf Bäumen« benutzt wird. Wenn der Schnee sich hoch auf den Zweigen im stillen Wald aufhäuft, können sie sich vielleicht unter dem Gewicht beugen und schließlich brechen. Durch den Verlust dieser Zweige kann im Frühjahr und Sommer mehr Licht den Wald durchdringen und so können vom Licht abhängige Pflänzchen am Waldboden besser keimen und wachsen.

S. 133 Borstenkiefer, Wheeler Peak, Nevada, USA.
Borsten- oder Grannenkiefern (*Pinus aristata*) sind die ältesten Lebewesen auf der Erde. Die älteste Borstenkiefer wurde auf ein Alter von über 4500 Jahren datiert: 1000 Jahre älter als Stonehenge und 3700 Jahre älter als die Westminster Abbey. Dieser Baum wächst immer noch. Die meisten seiner ältesten Teile sind bereits abgestorben, aber er lebt in einem Ring von lebenden Zellen weiter, die unter dem schmalen Streifen Borke liegen. Borstenkiefern wachsen in den Bergen im Südwesten der USA, doch die Langlebigsten stehen in den White Mountains, wo wenig Regen fällt und der Boden mehr aus Fels als aus Erde besteht. Aus Untersuchungen der Jahresringe dieser extrem langsam wachsenden Bäume haben Wissenschaftler ein Bild vom regionalen Klimawandel erarbeitet, das über Tausende von Jahren hinweg die Regen- und Trockenphasen aufzeigt.

S. 137 Küstensequoie, Kalifornien, USA.
Zwischen 1850 und 1925 wurde ein Drittel des ursprünglich 800 000 Hektar großen kalifornischen Küstensequoienwalds abgeholzt. Diese massive Waldzerstörung wurde von einem frühen Naturschützer, John Muir, beklagt, der über diese Abholzung schrieb: »Jeder Narr kann Bäume zerstören. Sie können nicht wegrennen; und wenn sie es könnten, würden sie trotzdem zerstört werden... Es dauert mehr als 3000 Jahre, bis einige der Bäume in diesen Wäldern im Westen herangewachsen sind – Bäume, die immer noch in vollkommener Stärke und Schönheit dastehen, sich biegend und rauschend in den mächtigen Wäldern der Sierra... All die wundervollen, ereignisreichen Jahrhunderte hindurch... Gott hat für diese Bäume gesorgt, sie vor Trockenheit, Krankheit, Lawinen und vor Tausenden an ihnen zerrenden und niederreißenden Unwettern und Fluten bewahrt; aber er kann sie nicht vor Narren retten – nur Uncle Sam kann das.«
Uncle Sam, in Gestalt von Teddy Roosevelt, stellte einige der Küstensequoienwälder in Parks unter Schutz, doch ausgedehnte Küstensequoienwälder, die außerhalb solcher Schutzgebiete liegen, werden heute noch abgeholzt.

S. 139 Goldkiefer, Zion-Nationalpark, Utah, USA.
Die Goldkiefer ist eine der am weitesten verbreiteten aller in Nordamerika heimischen Kiefern. Sie hat sehr tief reichende Wurzeln, die bei der Suche nach Wasser weit in den Boden dringen können, um das Überleben dort zu sichern, wo andere Bäume nicht mehr gedeihen können.

S. 140 Erlen, Vermont, USA.
Ausgewachsene Bäume von der Größe dieser Erlen mögen Hunderttausende von Blättern haben. Eine durchschnittliche ausgewachsene Eiche hat zum Beispiel etwa 700 000 Blätter. Diese sind nicht zufällig über den Baum verteilt. Entlang der Äste und Zweige sind die Blätter in genauen Abständen und bestimmten Winkeln verteilt, um das Sonnenlicht so gut wie möglich aufnehmen zu können. Auf diese Weise präsentiert sich der Baum mit der größtmöglichen Oberfläche dem Energie spendenden Sonnenlicht.

S. 141 Monterey-Zypresse, Pint Lobos, Kalifornien, USA.
Die Monterey-Zypresse (*Cupressus macrocarpa*) ist nur in sehr kleinen Gebieten der Klippen von Point Lobos und Cypress Point in der Nähe von Monterey, Kalifornien, heimisch. Die windgepeitschte und verdrehte Gestalt verkörpert die salzigen Winde und Stürme, die der Baum an dieser exponierten Küste aushalten muß. Von diesen wenigen Bäumen wurden Samen gesammelt und in aller Welt angepflanzt, um Hecken, Schutzwälle und holzliefernde Wälder entstehen zu lassen. An besseren Standorten werden Monterey-Zypressen tatsächlich sehr hoch.

S. 142 Quebec, Kanada.
Laubwälder der gemäßigten Breiten blühen, wenn das Klima mild ist, genügend Regen fällt und der Boden fruchtbar ist – Bedingungen, die auch den Ackerbau fördern. Die Wälder des östlichen Nordamerika wurden durch diesen Konflikt von Grund auf verändert, denn der Wald wurde beständig gerodet, um auf Dauer Farmen zu gründen.

S. 143 Central Park, New York, USA.
Daß das Herz von New York City einem Park aus Bäumen gewidmet ist, beweist den hohen Wert, der auf die Anwesenheit von Bäumen im Zentrum einer der weltweit größten Ansammlungen von Gebäuden, Technik und Menschen gelegt wird. Menschen können auf viele Aspekte der Natur verzichten, wenn sie in Städte ziehen, aber es scheint so, als ob Bäume nicht dazu gehören. Die Bäume des Central Parks haben eigens für sie gegründete Bürgerinitiativen, die sie verteidigen und schützen.

OZEANIEN

S. 144 und 145 Steineibenwald, Westküste, Neuseeland.
Die Maori glauben, daß die Produktivität und Gesundheit des Waldes von seinem »mauri« oder Lebensprinzip abhängt. Sie verstecken zwischen den Bäumen vorsichtig einen extra dafür ausgewählten natürlichen Gegenstand, beispielsweise einen ungewöhnlich geformten Stein. Indem sie den Stein mit Gebeten und Gesängen ermächtigen, wird er zum Wohnort der Geister des Waldes. Dann lassen sie eine Eidechse in der Nähe zurück, damit sie zum Wärter des »mauri« wird. Solange das Lebensprinzip des Waldes nicht verletzt wird, bleibt der Wald fruchtbar.

S. 146 Kanuka, Kap Farewell, Neuseeland.
Durch den widerstandsfähigen Kanuka (*Kunzea ericoides*) vor Sonne und Wind geschützt, kann sich ein Wald regenerieren. Die heilenden Kräfte des Kanuka wurden von den Maori und den ersten europäischen Siedlern umfassend genutzt. Viele Teile des Baumes waren von Nutzen: Seine Blätter als Aufguß für Dampfbäder, als Tee, um Harnwegsbeschwerden und Fieber zu lindern und als Aufguß gegen einen steifen Rücken; die Gummiflüssigkeit wurde bei Verbrennungen aufgetragen oder getrunken, um Husten zu stillen; die Rinde wurde aufgebrüht und als Beruhigungsmittel getrunken oder äußerlich bei Hautkrankheiten aufgetragen; der Saft galt als Blutreiniger; die aufgekochten Samenkapseln waren ein Mittel gegen Durchfall und Kolik; die jungen Sprosse ein Heilmittel gegen Ruhr.

S. 147 Schnee-Eukalyptus, Snowy Mountains, Australien.
Schnee-Eukalypten sind die einzigen Bäume, die in Australien über der Schneegrenze wachsen. Mit zunehmender Höhe werden sie kleiner und ihre Blätter kürzer, bis die Lebensbedingungen schließlich zu hart werden. Die Samen des Schnee-Eukalyptus, sind größer als die anderer Eukalyptus-Arten, um sicherzustellen, daß der Keimling genug Nährstoffe hat, die Keimung und ersten schwierigen Wochen seines Lebens zu überstehen. Helmkakadus und gelegentlich eine Schar Rosellas lassen sich von den Früchten des Schnee-Eukalyptus hoch in die Berge Australiens locken.

S. 149 Brettwurzeln der Tahitikastanie, Tahiti.
Die wie ein mäandrierender Bach geformten Stützwurzeln der Tahitikastanie (*Inocarpus faigerus*) findet man überall an Flußufern im tropischen Südpazifik. Die Tahitikastanie ist einer der häufigsten Bäume in den Wäldern längs der Flüsse und wird von den Eingeborenen im pazifischen Raum sehr geschätzt. Ihre Brettwurzeln werden als Trommeln genutzt, deren tiefer Klang weit in den Wald reicht. Die großen, grünen Früchte mit nur einem Samen sind eßbar und werden in Steinöfen gebacken und mit Kokosraspeln als Delikatesse gegessen. Die Samen der Tahitikastanie haben einen zweimal so hohen Nährwert wie Süßkartoffeln.

S. 151 Neuseeländischer Eisenholzbaum, East Cape, Neuseeland.
Der Neuseeländische Eisenholzbaum (*Metrosideros excelsa*) kommt an der Küste der Nordinsel Neuseelands vor. Die Art ist sehr gut an die salzigen Nebel und sandigen Böden angepaßt. Im Dezember brechen die spektakulären roten Blüten des dunkelgrünen Baumes auf. Der blühende Eisenholzbaum ist für die Neuseeländer das Symbol für Weihnachten und die Sommerferien an der Küste. Wenn die Ahnen der Maori mit dem Kanu auf Reisen waren, warf der Häuptling beim ersten Anblick der Küste Neuseelands seinen heiligen roten Kopfschmuck ins Meer, um zu zeigen, daß der Schmuck des Landes viel schöner war als sein eigener.

S. 152 links Blühende »Cootamundra Wattle«, New South Wales, Australien.
Die frühen Siedler Australiens, die in den Wäldern ihrer neuen Heimat nach Baumaterial für ihre Häuser suchten, fanden, daß die jungen Bäume dieser Akazienart (*Acacia baileyana*) ideal waren, um wie in England die geflochtenen und mit Schlamm abgedichteten Wände ihrer Häuser zu bauen. Die Stämme der Akazien waren stark, biegsam und widerstandsfähig gegen Verrottung. Mit der Zeit wurde der Name »Flechtwerk« (im Englischen »wattle«) auf die Bäume selbst übertragen.

S. 152 rechts »Brittle Gum«, Botanische Gärten Canberra, Australien.
Eukalyptusbäume sind das Charakteristikum der trockenen Wälder Australiens. Sie entwickelten sich vermutlich aus Pflanzen, die auf das Leben an den Rändern des alten Regenwaldes spezialisiert waren, wo der Boden mager und Wasser selten war. Über Jahrtausende hinweg wurde Australien durch große Klimawechsel immer trockener und so fanden Bäume, die auf diese Bedingungen spezialisiert waren, immer mehr ökologische Nischen, in denen sie sich ausbreiten konnten. Heute gibt es über 500 Eukalyptusarten, eine von ihnen ist der »Brittle Gum« (*Eucalyptus mannifera*). Die meisten sind durch eine dicke Rinde und Blätter, die mit ihrer Schmalseite zur Sonne zeigen, um Wasser zu sparen, gut an das Überleben bei Dürre angepaßt. Ebenso überleben sie das Land verwüstende Feuer durch Blätter, die leicht brennen, um den Boden des Waldes freizumachen, und eine dicke Rinde, die das lebende Holz schützt.

S. 153 links Oparara-Fluß, Westküste, Neuseeland.
Der kalkhaltige Felsgrund des Oparara-Flusses hat die Entwicklung eines außergewöhnlich vielfältigen und üppigen Waldes mit einer großen Zahl verschiedener Vögel ermöglicht. Unterirdische Flüsse haben Höhlen im Waldboden gegraben, und man hat alte Höhlen mit den Knochen ausgestorbener Vögel entdeckt: Wald-Moas, große Adler und zahlreiche kleinere Vögel, die verschwanden, als Menschen und die sie begleitenden Ratten, Hunde, Katzen und andere Räuber das einst von Säugetieren freie Neuseeland besiedelten.
Der Oparara-Fluß stand im Mittelpunkt einer Schutzkampagne in den 80er Jahren dieses Jahrhunderts (die schließlich erfolgreich war), deren Ziel der Schutz vor Abholzung war.

S. 153 rechts Eisenholzbaum, Te-Anau-See, Neuseeland.
Die wunderbaren Blüten des Eisenholzbaumes sind durch die Australischen Buschschwanzbeutelratten stark bedroht. Diese Opossums wurden vor 150 Jahren nach Neuseeland eingeführt, um die Pelztierzucht des Landes aufzubauen. Sie breiteten sich sehr schnell in den heimischen Wäldern aus und fraßen Pflanzen, die nicht an das Abweiden durch Säugetiere angepaßt waren. Opossums fressen nur bestimmte Pflanzen, und diese Vorliebe hat die Wälder des ganzen Landes verändert und zurückgehen lassen. Der Eisenholzbaum ist eine ihrer Lieblingspflanzen. Die Freßlust der Opossums hat die Gesundheit dieser wunderschönen Bäume angegriffen und ihre Zahl in vielen Wäldern der Südinsel reduziert.
Eisenholzbäume wachsen über dem Blätterdach des Waldes wie ein riesiger Regenschirm. Sie haben die Vorstellungskraft der Maoris angeregt. Ein wichtiger Häuptling wurde oft als »rata whakatau« bezeichnet – das bedeutet »Schattenspender« – denn er war der Beschützer der Menschen.

S. 155 Roter Jasminbaum, Tahiti.
Der schwere Duft des Roten Jasminbaums (*Plumeria* sp.) ist am stärksten in der Tropennacht. Dann kann der Baum eine ganze Lichtung mit seinem Duft erfüllen. Er stammt ursprünglich aus den tropischen Wäldern Mittelamerikas und wurde in aller Welt angepflanzt. Im pazifischen Raum pflanzte man ihn häufig in Dörfern. Man verwendete ihn für Girlanden und als Aroma für Kokosöl.